3개월마다 만나는 마이크로 트렌드

Vol.1 우리 집에 왜 왔니

MiCRO TREND

포럼M 지음

3개월마다 만나는

마이크로 트렌드

Vol. 1
우리 집에 왜 왔니

쌤앤
파커스

대항해 시대는 끝났다

위대한 여정을 떠나기 위해 모든 것을 완벽하게 준비해 거대한 배를 띄우고 탐험을 나섰던 과거의 비즈니스들이 저물고 있다. 웅장한 함선 같던 기업들이 하루아침에 사라지고, 정교한 항해술과 같던 이론들도 작은 변화에 무너졌다. 세상의 무게 중심이 이동했기 때문이다.

'밀레니얼 세대'는 1990년대 후반부터 인구수와 소비력을 고려했을 때 가장 영향력 있는 세대가 되었고, 대중의 일상을 변화시켜 나가고 있다. 이들은 지금까지 기업이 축적해놓은 대항해 시대의 지도를 수용하지 않고 새로운 나침반을 꺼내 들었다. 바로 디지털을 기반으로 한 '초연결성'이다. 누구보다 빠르게 소통하고 변화와 혁신을 사랑하는 이들은 거대한 조류에 따라가기보다 자신만의 흐름을 창조하고 나누고 향유한다. 이제 시장은 흐름을 미리 '예측'하는 것이 아니라 뒤늦게 '파악'해야 하는 대상이 되었고, 기업은 매순간 민감하게 그리고 민첩하게 변화를 감지하면서 전략의 방향을 조정하고 있다.

'리드 더 웨이브Lead the wave!' 바야흐로 서핑의 시대가 시작되었다. 끊임없이 변화하는 파도에 빠르게 반응하고 상황에 맞게 방향을 바꿔가며 이동하는 서핑처럼 환경에 신속하고 유기적으로 대응을 해야 성공할 수 있는 시대가 온 것이다. 탁월한 서퍼들은 파도에 기민하게 반응하고 민첩하게 대응한다. 동시에 변화의 파도에 휩쓸리지 않는 균형감각도 갖췄다.

지금 우리에겐 항해술과 같은 '메가트렌드'를 이해하는 것도 필요하지만 예측 자체가 무의미한 급변하는 시장의 흐름을 이해하는 '마이크로 트렌드'가 절실하다. 완벽하게 정리된 이론도 전문가가 전해주는 각 잡힌 이론도 너무 늦다. 휘몰아치는 파도보다 딱 한 걸음 앞서 변화를 체험한 서퍼들의 경험담이 필요하다.

포럼M은 서핑의 시대를 맞이한 마케터, 기획자, 창업자를 포함한 모든 이들에게 시장의 변화를 신속하게 파악하고 직접 경험한 사례를 공유하고 인사이트를 얻을 수 있도록 기획된 프로그램이다. 2019년 10월, 해변 앞에 삼삼오오 모여 파도타기를 즐기는 서퍼들의 모임처럼 시작한 행사가 이제는 수많은 기업들이 가장 사랑하는 프로그램으로 성장했다. 매달 시장의 흐름을 파악하여 정리한 '마이크로 트렌드 리포트'는 서퍼들의 내밀한 경험과 노하우를 전달해주는 비법 노트처럼 마케팅 현장 실무에 고스란히 반영되고 있다.

이제 우리는 새로운 파도를 넘어 《3개월마다 만나는 마이크로 트렌드》 시리즈를 기획하여 책으로 더 많은 사람들과 지식을 나누고자 한다.

매달 열리는 포럼M 강연에 참여해주셨던 주요 인플루언서들의 지식 나눔 덕분에 이룰 수 있었던 성과인 만큼 이 도서의 수익금은 사회에 환원할 수 있도록 준비하고 있다. 이 책이 누군가에게 영감이 되고, 통찰이 되며, 기회가 되길 희망한다. 그리고 포럼M 크루들 역시 독자 여러분과 마찬가지로 더 멋지게 파도를 타고 즐길 수 있도록 노력할 것이다.

지은이 포럼M

이 책을 읽기 전에

세상은 빠르게 진화하고 있고, 트렌드는 예측할 수 없을 만큼 시시각각 변하고 있습니다. 실시간 트렌드 분석 전문부서가 있으면 좋겠지만, 그렇지 않은 기업들이 대부분입니다. 그렇다고 인플루언서들의 강연을 매번 찾아다니기는 더더욱 어렵습니다.

《3개월마다 만나는 마이크로 트렌드》는 매달 분석되는 트렌드 자료를 바탕으로 트렌드를 이끄는 키워드와 관련 사례들을 담아 분기별로 독자 분들을 찾아갑니다. 특히 기존 트렌드 도서들과는 다르게 트렌드를 이끄는 브랜드 담당자들의 생생한 현장 이야기를 담아, 좀 더 구체적으로 브랜딩, 마케팅 사례를 이해할 수 있도록 도왔습니다.

이 책은 전반적으로 밀레니얼-Z세대(이하 MZ세대)의 트렌드를 담고 있습니다. 전 세계적으로 이들이 노동시장에서 가장 높은 비율을 차지하고, 소비 구매 관점에서도 핵심이 되어가고 있기 때문입니다. 특히 문화, 콘텐츠, 마케팅 관점에서 접근하여, 현재 어떤 문화 현상이 일어나고 있고 그들이 어떤 콘텐츠에 열광하며, 어떤 마케팅에 반응하는지 풍부한 사례를 담았습니다. 마케팅, 기획, 창업 아이디어가 필요한 분들에게도 도움이 될 것입니다. 이 책에 실린 '누구보다 빠른' 트렌드로 시대를 읽고, 생생한 인플루언서들의 이야기를 통해 자신만의 브랜드를 키워나가거나 마케팅 실무에 적용할 수 있는 팁을 얻어가길 바랍니다.

PART 1

트렌디한 모
큐레이션하

것을

## 1

선을 넘다

코로나19로 시작된 본격 '언택트' 시대
권위의 '선'에 도전하다
상식의 '선'을 뒤집다
지켜야 할 '선'은 지키다

밀레니얼 세대들은 기존에 정해진 '기준, 상식, 권위'의 '틀을 깨는' 콘텐츠에 열광한다. 하지만 그 속에서도 '지켜야 할 선'에 대해서는 누구보다 엄격하다. 이러한 현상을 바탕으로 '선을 넘다'를 첫 번째 트렌드 키워드로 선정했다.

　　사람들은 '선'을 넘는 것에 민감하다. 특히 요즘 세대들은 정치적 올바름에 민감해 '지켜야 할 선'을 넘는 것에 대한 불편함을 여과 없이 드러내고, 비난도 거침없다. 이렇듯 우리에게 선을 넘는 것은 항상 금기시되어왔다.

　　하지만 어떤 '선'은 갑과 을을, 주류와 비주류를, 완벽함과 부족함을 나누기도 한다. 누가 그어 놓은 '선'인지도 모른 채, 가끔은 그 '선'을 따르는 것이 불편할 때도 있지만, 여태 그래 왔던 것처럼 당연하게 우리는 그 '선'을 지키고자 노력했다. 어쩌면 우리는 남이 정한 틀과 기준인 '상식의 선', '완벽의 적정선'을 지키기 위해 발버둥 치며 '완벽함이 주는 불편함'을 당연하게 용인하고 있었던 것은 아닐까?

어떤 이들은 '넘어야 할 선'을 넘음으로써 권위를 무너뜨리고 일류와 이류, 삼류를 나누는 경계를 허물어, 꽉 짜인 틀에 갇혀 살아가는 이 시대의 우리들에게 해방감과 쾌감을 준다. 그렇다면 우리가 넘어야 할 '선'은 무엇일까? 또한 그 속에서 지켜야 할 '선'은 무엇일까? 여러분과 여러분의 기업이 추구해온 '적정선'에 대해 다시 한번 생각해봐야 할 시점이다. 그리고 코로나19가 가지고 온 '선'의 변화들을 알아보자.

코로나19로 시작된 본격 '언택트' 시대

코로나19가 온·오프라인의 경계를 없애고 있다. 모든 사회생활이 '잠시 멈춤' 모드로 들어가고 '사회적 거리두기'가 보편화되면서 재택근무, 온라인 교육, 화상회의 등 '언택트(un+contact, 비접촉)' 시대가 시작되었다.

언택트는 접촉을 의미하는 '콘택트contact'에 부정의 뜻을 가진 접두사 '언un'을 붙인 신조어다. 과거 언택트 서비스는 모바일 기기에 익숙한 젊은 층의 전유물로 여겨졌지만 최근 코로나19로 인해 '반강제적으로' 언택트 문화를 접하게 된 40~50대도 관련 소비가 증가하고 있다. 과거 대표적인 비대면 업종으로는 IT서비스, 원격의료, 스마트오피스, 이커머스 등이 꼽혔으나 코로나19 이후에는 소비 패턴의 변화로 유통, 마케팅 분야에서 새로운 서비스들이 각광받게 되었다.

코로나19 소비 키워드: 홀로HOLO

코로나19 확산에 대한 우려로 오프라인 영업점들이 직접적인 타격을 받고 있는 가운데, 온라인 유통은 반대급부로 상승세를 타고 있다. 백화점, 마트 등 인구밀집 지역이나 불특정 다수가 드나드는 공간의 방문 자체를 자제하는 경향이 강해지면서 온라인 커머스를 통한 생필품을 구매하는 비율이 크게 늘었다.

특히 TV홈쇼핑과 모바일 쇼핑 이용객이 급증하고 있다. 소셜커머스 업체인 위메프는 최근 주말 3일간(2020년 1월 31일~2월 2일) 마트 카테고리 거래액이 전년 동기 대비 263% 증가했다고 밝혔다. 같은 기간 위메프의 전체 거래액은 72% 증가했다. 이커머스 시장에서 활성 사용자 수로 1위와 2위를 달리고 있는 '쿠팡'과 '11번가'는 130% 이상의 비슷한 활성 사용자 수 성장세를 보이고 있다. 전체적으로 보면 유통, 외식, 여행 업계 등은 매출 급감을 겪고 있고, 이커머스, 배달업 등은 주문 폭주로 배송지연 사태까지 겪고 있다.

전문가들은 2020년 1분기 쇼핑 키워드로 '홀로HOLO'를 꼽았다. 홀로는 헬스케어Health care, 대용량Oversize, 집콕Life at home, 온라인 쇼핑Online shopping의 약자다. 실제로 2020년 3월 31일 이베이코리아가 발표한 G마켓과 옥션의 1분기 판매 데이터 분석에 따르면, 건강 관련 용품 판매가 급증했다. 항목별로 살펴보면, 건강, 의료 용품 전체 판매량은 148% 증가했고, 마스크 등이 포함된 호흡, 수면 관련 건강 용품은 3배(222%), 체온계 등이 포함된 건강 측정 용품은 2배(113%) 늘었다. 면역력을 높이기 위해 영양제, 홍삼 등이 인기를 끌며 건강기능식품 판매량 역시 18% 증가했다. 때 아닌 보양식 열풍이 불기도 했다.

외출이 어려워지자 대용량 제품 수요도 늘었다. 즉석밥(84%), 통조림(21%), 과자(22%) 등이 포함된 대용량 가공식품의 판매량이 29% 증가했고, 김치(12%), 건어물(232%), 잡곡, 혼합곡(11%) 등의 대용량 신선식품(13%) 역시 판매가 늘어났다. 생필품의 경우에 이러한 경향이 더욱 두드러졌다. 대용량 생필품이 전체 47% 증가한 가운데 대용량 세제, 세정제(48%), 화장지, 물티슈(61%), 구강 케어(16%) 등이 모두 신장세를 보였다.

집에서 머무는 시간이 길어진 것도 소비패턴 변화에 영향을 끼쳤다. 재택근무와 홈스터디 증가로 관련 디지털 가전 수요가 증가했다. 노트북과 모니터 판매량이 전년 동기 대비 각각 11%와 12% 증가했고, 집에 있는 아이들을 위한 블록(38%)과 역할놀이 세트(10%), 캐릭터, 패션인형(9%) 등과 같은 장난감도 마찬가지로 증가했다. 또한 공기청정기, 미니 세탁기, 건조기, 의류관리기 판매량이 급증했다. 특히 호흡기 건강에 도움을 줄 수 있는 공기청정기에 대한 관심이 압도적이다.

한편 사상 초유의 개강, 개학 연기로 패션 업계는 움츠러들었다. 각종 모임과 외출이 줄어들면서 미용 관련 소비도 급감했는데, 외모를 치장하는 소비보다는 건강을 지키려는 소비 쪽으로 이동했기 때문으로 보인다. 또한 항공, 여행업도 큰 어려움을 겪고 있는데, 국내뿐만 아니라 '스카이스캐너', '트리플', '아고다' 등 해외여행 앱 역시 급격한 하락세를 걷고 있다. 특히 현지 여행 가

이드 앱인 '트리플'은 현지에 가서 사용하는 앱이기 때문에 여행 예약 앱보다 더욱 큰 타격을 받아 가장 큰 폭으로 사용자 수가 줄어들었다.

슬기로운 집콕 생활: 재택근무, 온라인 강의

많은 기업들이 장기간의 재택근무를 시행하며 원격근무와 원격 교육 바람이 불고 있다. 자연히 재택근무 또는 온라인 수업에 활용할 화상회의 및 온라인 강의 솔루션을 활용도 급증하고 있다.

대표적인 화상회의 플랫폼인 줌ZOOM은 웹 기반 클라우드 시스템을 사용한다는 점이다. 별도의 설치 없이 웹에 접속하는 것만으로 간편하게 사용할 수 있다. 클라우드에 회의실을 개설해 공유만 하면 되고 최대 1,000명까지 수용할 수 있어, 갑작스레 재택근무를 해야 하는 기업이 가장 손쉽게 접근할 수 있는 솔루션이다. 어린이와 노인에 이르기까지 누구나 쉽게 접근할 수 있는 직관적인 인터페이스도 장점이다. 관리자는 참가자 영상과 음성을 자유자재로 켜고 끌 수 있다. 또 음소거 상태에서 '손들기' 버튼을 눌러 발언권을 얻을 수도 있다. '교육용 줌'은 코로나19 기간 동안 무료로 서비스를 제공하고 있다.

알서포트의 '리모트 미팅'은 구글 음성 문자 변환 기술을 사용해 AI 대화록이 자동으로 회의록을 작성해준다. AI모드를 끄고 화상회의 화면에 회의록을 띄워놓고 참여자가 공동으로 작성할 수도 있다. 최대 30명까지 참석할 수 있다. 현재 말하고 있는 참석자 영상을 큰 화면에 자동으로 표시해주는 기능도 갖췄다. 회의를 많이 하는 기업에 유용하다.

네이버의 클라우드 기반 통합 협업 플랫폼 '토스트 워크플레이스'도 있다. 협업 도구 '두레이'와 전자결재 및 게시판을 통합한 '그룹웨어', 인사와 재무 서비스를 제공하는 'ERP'로 구성되어 있다. 메신저에 '/Invite @member'를 입력하면 해당 팀원을 초대할 수 있고, 최대 6명까지 동시에 화상통화를 할 수 있다. PC 화면공유, 화이트보드 기능이 있어 실시간 협업이 가능하다.

개학 연기로 아이들이 학교에 갈 수 없게 되자 많은 학부모들이 집에서도 학습할 수 있는 온라인 교육 프로그램을 구매했다. 온라인 학습 플랫폼 스냅애스크Snapask의 2020년 1~2월 신규 가입자는 약 43만 명으로, 전년 총 가입자 수의 3분의 1이 1~2월에 가입했다. 학생들의 평균 플랫폼 사용시간도 30% 늘었다. 구글의 '클래스 룸'은 이름 그대로 원격강의에 특화된 솔루션이다. 교사와 학생이 커뮤니케이션할 수 있고, 동시에 학습관리도 가능하다. 교사는 과제를 만들어 올리고, 학생은 질문을 올릴 수 있다. 웹 기반이라 별도의 설치가 필요 없어 취업준비생들의 스터디나 초등학교를 비롯한 각급 학교의 원격강의에 적합하다. 구글의 다른 서비스와 쉽게 연동할 수 있고 화상회의도 가능하다.

구르미의 '구르미' 솔루션은 국산 솔루션 가운데 화상 스터디에 가장 적합한 솔루션으로 꼽힌다. 화상으로 필기화면을 공유하거나 마치 시험을 보듯 타이머를 설정해놓고 화상 스터디를 진행할 수 있다. 또 학습심리 검사와 상담도 제공한다. 오픈 스터디 페이지에서 내가 원하는 스터디방을 찾아 참여할 수 있는 것도 장점이다.

한편 온라인상에서 하는 취미 클래스의 수요도 늘어나는 추세다. 온라인 취미 클래스 서비스 '클래스 101'에 따르면 가장 큰 폭으로 상승한 분야는 미니어처나 소품을 직접 만드는 DIY 강의다. 이 강의는 코로나19 이전보다 약 290%에 달하는 판매 증가율을 보였으며 K팝 춤 배우기 등 영상으로 배우는 취미 클래스 수요도 늘어나고 있다.

집도, 자동차도 언택트 마케팅

언택트 소비는 자동차 마케팅까지 변화시켰다. 자동차는 상대적으로 고가의 제품이라 비대면 구매보다는 대부분 오프라인에서 구매가 이루어지는 상품군이다. 기아자동차는 2020년 3월 17일 4세대 쏘렌토를 포털사이트 네이버에서 온라인 토크쇼 형태로 공개했다. 현대자동차도 지난 2020년 3월 18일 미국 로스앤젤레스에서 열린 7세대 아반떼 최초 공개 행사를 유튜브 채널에서 진행했다. 무관중 라이브 스트리밍 형식이었다. 르노삼성자동차 역시 소형 스포츠유틸리티차량(SUV) 모델인 XM3를 판매하면서 국내 완성차업계 최초로 온라인 청약채널을 구축해 운영하기도 했다. 사전계약 12일간 계약된 차량 중 20% 넘는 구매자가 온라인으로 계약을 했다.

단순히 신차 출시 행사뿐만 아니라, 이제는 온라인이 새로운 판매 채널로 떠오르고 있다. 일부 자동차회사들은 상담부터 구매까지 전 과정을 비대면으로 진행하고, 비대면 채널을 활용하면 추가 혜택을 주는 등 온라인으로의 이동을 빠르게 추진하고 있다.

유튜브 동영상이나 블로그를 통해 집을 구경하는 '랜선 집들이'도 최근 폭발적인 인기를 끌고 있다. 현대건설과 GS건설은 부동산 전문가가 모델하우스를 둘러본 뒤 실시간으로 질문에 답하는 형식의 라이브 방송을 시작했다. 질의응답으로 궁금증을 해소할 뿐만 아니라 전문가의 시선으로 꼭 짚고 넘어갈 부분을 보기 때문에 일석이조다. 건설사는 사이버 모델 하우스를 오픈하여 집 내부를 찍은 VR영상과 입체영상(3D) 평면도, 마감재 등을 언제든지 시간제한 없이 볼 수 있다.

집을 보는 것뿐만 아니다. 계약도 비대면으로 처리하고 있다. 공인중개소에 직접 가지 않고도 계약할 수 있는 부동산 전자계약 건수가 언택트 마케팅 시행 이후 3배나 급증했다. 부동산 관련 스타트업 역시 관련 서비스를 확대하고 있다. '직방'은 모바일 모델하우스 서비스를 내놓고 단지 내부뿐만 아니라, 주변 동네까지 한눈에 볼 수 있도록 했다. 직접 가보지 않아도 여러 가지 궁금증을 해결할 수 있는 것이다. 또한 VR영상으로 꼼꼼하게 집을 구경할 수 있어 집을 사는 사람뿐만 아니라 파는 사람 모두에게 만족감을 준다.

오프라인 행사 위주로 진행되었던 신제품 출시 행사 역

시, 언택트 마케팅으로 변화하고 있다. 삼성전자는 갤럭시 S20의 2020년 3월 6일 출시를 맞아 취향에 따른 자신만의 방식으로 소통할 수 있는 다양한 '콘텐츠 페스타' 이벤트를 마련해 오프라인 행사를 대신했다. 라이브 퀴즈쇼인 '갤라쇼'에 대도서관, 용호수, MR 등 인플루언서들이 직접 출연하고 우왁굳, 침착맨, 디바걸스 등 인플루언서들이 자신들의 채널에서 이원 생중계를 하면서 큰 호응을 얻었다. 신제품' 공개 후 진행된 2번의 '갤라쇼'에서 순 시청자 85만 명, 최대 동시접속 시청자 8만 명을 기록했다. 또 '갤럭시 컬쳐 프로젝트'도 준비하여 온라인으로 언제 어디서나 원밀리언 댄스 스튜디오 안무가들에게 댄스 트레이닝을 받을 수 있다.

이불 밖은 위험해: 언택트 바람이 몰고 온 이색 풍경

코로나19는 일상의 먹는 즐거움도 제한했다. 그렇다고 가장 기초적인 욕구인 '먹는 즐거움'마저 멈출 수는 없는 일. 분위기 좋은 카페 인증샷 대신 마카롱, 빙수, 도너츠 등 배달된 디저트 인증샷으로 즐거움을 남긴다.

'재택경제', '집콕족', '집콕육아' 등이 일상화되면서 치킨과 피자 등 전통적인 배달음식뿐만 아니라 마트나 편의점 배달도 눈에 띄게 늘었다. 배달의 민족, 마켓컬리 등 배달주문이 폭증했다. 배달의 민족의 한 관계자에 따르면 2020년 2월 24일부터 3월 8일까지 주문 건수는 2주 전(2월 10~2월 23일)보다 8.4% 증가했다고 한다. 편의점 CU는 화이트데이를 앞두고 딜리버리히

어로코리아와 손잡고 '사랑의 배달부' 콘셉트의 제품을 출시했다. 최근 언택트 선물을 선호하는 소비자의 니즈를 읽어낸 것이다. 그밖에 맥도날드, 파리바게트 등도 언택트 소비를 위한 시스템을 도입해 해당 분야 매출이 늘었다.

주로 음식에 한정되었던 배달서비스 앱을 넘어 최근 심부름 앱의 이용률도 상승하고 있다. 심부름 앱 '김집사'를 운영하는 '달리자'에 따르면 2020년 1~2월 심부름 주문 건수는 2019년 11~12월 대비 약 25% 증가했다. '1,000원에 음식물 쓰레기 버려주기', '3,000원에 우체국 택배 대신 부쳐주기' 등 합법적인 영역에서 모든 심부름을 대신한다. 특히 코로나19 사태가 심각해지면서 '마스크를 대신 구매해달라'는 요청이 늘어나고 있다.

언택트 진료도 가능해졌다. 간편 병원 예약 접수 모바일 서비스 '똑닥'은 앱을 통한 병원 예약 접수와 사전 모바일 문진 기능을 제공한다. 환자들이 병원에서 직접 대기하는 시간을 줄이고 병원 내 2차 감염 우려로 의료 시설 방문을 망설이는 사람들이 보다 안전하게 진료를 받을 수 있도록 한다.

외부활동이 줄어들며 영화관을 찾는 관객은 급감한 반면, 영상 콘텐츠를 감상할 수 있는 넷플릭스를 비롯해 왓챠, 웨이브온, 티빙 등 스트리밍 서비스 시청자는 크게 늘었다. 극장 개봉 중심이던 플랫폼 간의 유통장벽이 무너졌다. 그간 꾸준히 성장해온 디지털 온라인 영화 시장이 코로나19 확산으로 급물살을 타게 된 것이다. 일례로, 2020년 3월 26일 개봉예정이었던 영화 '사냥의 시간'(감독 윤성현)은 코로나19로 영화관 개봉을 포기하고

4월 10일 넷플릭스에서 단독 개봉하기로 결정했다. '사냥의 시간' 배급사인 리틀빅픽처스는 "코로나19 바이러스의 위험이 계속되고 세계적인 확산이 지속되는 상황에서 가장 효과적인 방안을 모색한 것"이라고 말했다.

외부활동을 못한다고 운동까지 접을 수는 없는 일. 그래서 홈 트레이닝을 통해 체력을 관리하는 이들이 늘어나고 있다. 일명 홈트레이닝족(홈트족) 증가와 함께 일상 운동복인 레깅스 매출이 급증했다. 헬스장 대신 집에서 운동하는 소비자들이 늘면서 관련 용품 수요 역시 증가하고 있다. 러닝머신, 요가매트, 아령, 짐볼 등 판매가 늘었고 당근마켓 같은 중고거래 앱에서는 실내용 자전거 등이 활발하게 거래되고 있다.

아무노래 말고 '랜선 아무놀이'

가수 지코의 노래에 맞춰 춤추는 '#아무노래챌린지' 못지않게 '#아무놀이챌린지'가 SNS에서 화제다. 인스타그램에서 '아무놀이챌린지'를 검색하면 나오는 1만여 개의 게시물에는 대부분 아이들이 놀이를 하는 모습이 담겨 있다. 좀처럼 아이와 놀 시간이 없던 부모들이 재택근무 등으로 종일 아이와 함께하게 되자 올리는 게시물들이다. 가장 인기 있는 놀이는 쉽게 구할 수 있는 종이컵을 이용한 놀이다. 인스타그램에서 5,000여개가 넘는 '#종이컵놀이' 게시물에는 종이컵 위에 그림을 그린 것부터 종이컵으로 만든 인형, 종이컵을 쌓아 만든 성 등을 찍은 사진들이 등장한다.

▲ 멍때리기챌린지 포스터(출처: 옵쓰양 컴퍼니 웹페이지)

종이컵 관련 업계에서는 갑작스럽게 매출이 증가해 황당해하고 있다는 말이 들려올 정도다. 이 외에도 빨대, 물감, 색종이 등을 이용한 놀이 역시 인기다.

연예인 크러쉬가 참여하고 이색적인 이벤트로 큰 이슈가 됐던 '멍 때리기 대회'는 2020년 제 6회 대회를 코로나의 여파로 오프라인이 아닌 온라인으로 변경하여 개최했다. 이른바 '#온라인멍때리기챌린지'로 동영상 어플 틱톡과 함께 프로모션을 진행하면서 참여자뿐만 아니라 많은 시청자들에게 즐거운 경험을 전달하였다. 이번 이벤트는 틱톡과 함께 진행하며 국제적 규모로 온라인에서 열려 다양한 셀럽이 참여하여 화제가 되었다.

연예인 김량하는 최근 '집콕 키즈카페 만들기' 유튜브 영상에서 "요즘 코로나 때문에 엄마들이 아기들과 키즈카페도 못 가고 있는데, 어떻게 하면 집에서 재밌게 놀아줄 수 있나 고민하다

홈 키즈카페를 만드는 방법을 생각해냈다."며 거실에 가정용 에어바운스를 설치해 3세, 5세 영유아와 놀이하는 모습을 화면에 담았다. 자녀를 둔 기혼남성 4명이 모여 육아 정보를 나누는 채널 '육아빠톡'도 '집에서 뭐하고 놀아주지? 코로나 때문에 대한민국 육아 비상!'이라는 제목의 콘텐츠에서 "코로나19로 아이들과 집에만 머물게 되는데, 아이들의 넘치는 에너지를 감당하기 쉽지 않다."며 베이블레이드, 부루마블, 포켓몬 등의 육아노하우를 공유해 많은 부모들의 감사댓글이 이어지고 있다.

과거 플래시 게임으로 즐겼던 이상형 만들기가 2020년 상반기, 다시 인기를 끌고 있다. 헤어스타일과 눈, 코, 입 등 생김새를 골라 자신이 원하는 얼굴이나 이상형 얼굴을 만들고 눈 색이나 머리색, 안경 등의 세세한 스타일까지 설정이 가능하다. 마스크 착용이 일상화되고 화장에 대한 니즈가 감소하면서 온라인 캐릭터를 대신하여 꾸미는 대체 욕구가 반영된 트렌드다.

실내에서 할 수 있는 음식 만들기 또한 큰 호응을 얻고 있는데 그중 400번 이상 저어야 만들 수 있는 '달고나 커피'는 관련 게시물만 수만 개에 달할 정도로 누리꾼들 사이에서 큰 화제를 모으고 있다. 손쉽게 구할 수 있는 재료를 이용해 단순노동으로 무료함을 달랠 수 있다는 점이 특징이다. 이 밖에도 1,000번 이상 저어서 만드는 수플레 계란말이, 1,000번 이상 주물러 만드는 아이스크림 등 '킬링타임'용 놀이들이 인기를 끌고 있다.

멀리서 함께하기

고강도의 사회적 거리 두기로 집에 갇혀 있다시피 해도 디지털을 통해 심리적 고립을 피하고 멀리서라도 함께하려는 움직임이 확산되고 있다. 영국 밴드 콜드플레이의 크리스 마틴을 시작으로 각국 가수들은 '집에서 함께'라는 해시태그인 '#TogetherAtHome'을 붙여 집에서 즉석 공연을 펼친 영상을 올렸다. 첼리스트 요요마와 피아니스트 백건우, 조성진 등도 동참했다. 이들은 의료진에게 경의를 표했고 환자들의 건강을 기원했으며 집에 머무르는 사람들에게 위안을 줬다.

한 카드사에서도 연극, 콘서트, 연주회 등을 하는 단체에 공연장을 무상으로 대관해주고 이를 영상으로 제작해 온라인을 통해 관객들에게 선보였다. 관객들 앞에서 공연하지 못하는 공연자들이 온라인으로나마 관객들과 만날 수 있는 기회를 제공함과 동시에 답답한 나날을 보내고 있는 사람들에게도 양질의 문화 콘텐츠를 제공하려는 것이다.

개인들도 물리적으로는 떨어져 있지만 디지털을 통해 어울리고 있다. 재택근무로 최근 이용이 폭증한 화상회의 애플리케이션 줌에는 '줌 북클럽', '줌 요가', '줌 피트니스' 등이 열린다. 미리 정해놓은 시간에 각자 줌을 켜고, 운동, 독서 등을 함께하며 온라인으로나마 '함께 있음'을 느낀다.

권위의 '선'에 도전하다

꼰대, 갑질에 가뿐히 선 넘어주는 선넘규: 장성규

장성규는 유튜브 채널 '워크맨'에서 다양한 직업을 체험하며, 아슬아슬 선을 넘나들고 '을'이 하고 싶은 말과 행동을 보여주면서 시청자들에게 큰 웃음을 선물한다. 때론 비속어까지 쓰며 불쾌감과 해방감 사이의 줄타기에 몸을 사리지 않는 그는 '지옥 문턱 앞에서 멈추는 드립'으로 '선넘규'라는 별명을 얻으며 대세로 떠올랐다.

'유동적'이라는 말에 '유동 골뱅이'라는 드립을 하고 대화 중 '나이키'라는 단어가 나오자 '나이'와 '키'를 묻는 등 말 한 마디 한 마디를 허투루 지나치지 않는 장성규는 밀레니얼의 감성을 정확히 저격했다는 평가를 받고 있다. 어찌 보면 가볍게 느껴지는 말장난이 유튜브의 주요 고객들인 1020세대에게 재미있게 다가가 뜨거운 반응을 얻고 있는 것이다.

장성규는 이 프로그램에서 직장 상사에게 노래를 부르게 하거나 말장난을 하는 등 보통 직장인이라면 해낼 수 없는 일을 대신함으로써, 같은 직종의 시청자에게는 답답함을 없애주고 다른 직종의 시청자에게는 통쾌한 재미를 선사한다. 꼰대와 갑질 앞에서 '권위의 선'을 가뿐히 넘는 점이 '워크맨'과 장성규가 밀레니얼 세대에게 사랑받는 가장 큰 이유일 것이다.

선을 넘어 할 말은 하는 EBS 불량 캐릭터: 펭수

성공한 한국의 크리에이터를 꿈꾸는 EBS 연습생 펭수. 펭수는 말과 행동에 거침이 없다. EBS 연습생임에도 불구하고 EBS 사장 이름을 존칭도 없이 "김명중!"이라고 시도 때도 없이 부른다. 전국을 '펭수앓이'로 물들이고 있는 펭수는 "눈치 보지 말고 원하는 대로 살아라.", "내가 나일 때 제일 좋은 거다.", "아닙니다. 화해했어요. 그래도 보기 싫은 건 똑같습니다." 등의 소신 있는 발언을 한다.

펭수는 수직적인 조직 체계에도 당당히 맞선다. MBC의 '아이돌 육상대회'를 패러디한 'EBS 아이돌 육상대회'에서 뚝딱이, 번개맨 등 선배 캐릭터들의 권위에 굴하지 않고 당당하게 '꼰대질'을 저지하는 모습을 보여줬다. 상사, 손님, 고용주 등 '갑'의 위치에 있는 사람들에게 현실에서는 하지 못할 말들을 거침없이 쏟아내는 펭수의 '선을 넘는' 풍자 방식이, 권위주의에 힘들어하는 밀레니얼 직장인들에게 큰 공감을 얻고 있다. 이른바 '펭수 어록'으로 SNS에서 회자되고 있는 말들은 다음과 같다.

▸ 오디션 결과를 나중에 알려주겠다고 하자:
"여기서 하세요!"
▸ 캐릭터에 대해 조언하는 뚝딱이에게:
"저는 제가 알아서 하겠습니다. 잔소리하지 말아주세요."
▸ 펭수가 자이언트펭수 인스타그램을 통해 구독자들에게:
"힘든데 힘내라 이것도 참 어려운 일이거든요. 내가 힘든데, 힘내라고 하면 힘이 납니까? 힘내라는 말보다 저는 '사랑해'라고 해주고 싶습니다. 여러분들 사랑합니다. 펭러뷰."

이와 같이 팩트 폭력 수준의 말빨과 핵심만을 이야기하는 모습이 이 시대의 어른들에게 위로를 주고 대리만족의 카타르시스를 느끼게 한다.

상식의 '선'을 뒤집다

기존의 틀을 깨고 지금까지 해온 것과 반대되는 시도를 하는 마케팅을 '역발상 마케팅Reverse Marketing'이라고 부른다. 상식의 '선'을 뒤집는 역발상 마케팅은 고정관념을 뒤집고, 권위의 틀을 깨부숨으로써 소비자들에게 '긍정적 일탈'의 감정을 선사한다. 상투적인 틀과 정해진 현실을 통쾌하게 깨버리고, 권위나 기존 질서에 얽매이지 않음으로써 소비자의 스트레스를 해소시킨다. 남자와 여자, 노인과 청년, 윗사람과 아랫사람 등 사회에서 응당 부여되는 역할과 기준들이 있었다면, 그 '고정관념'과 '선입견'을 뒤엎는 마케팅들이 눈에 띄게 등장하고 있다.

고정관념과 선입견을 뒤엎다

언젠가부터 여자 화장품 광고에 남자 모델이, 남자 면도기 광고에 여자 모델이 등장했다. 젊고 혈기 넘치는 이미지를 추구하는 스포츠 의류 브랜드가 배우 김혜자를 모델로 기용한 것은 고정관념을 뒤엎는 마케팅 사례 중 하나다. 코오롱 스포츠는 김혜자가 평소 버킷리스트였던 오로라를 보기 위해 아이슬란드로 떠나는 것을 광고로 촬영하여 큰 이슈가 되었다. 또 한국의 맥주가 맛없다는 편견에 맞서기 위해.미국의 유명 셰프 고든 램지를 카스 광고에 등장시켜 "형이 거기서 왜 나와?"라는 반응을 불러온 것도 비슷한 사례다.

"오! 완전 무대를 뒤집어 놓으셨다. 진짜 최고의 선배, 파이팅! 오! 멜로디가 달라진 것 같아. 와! 비트, 리듬, 소울, 그대로 그냥 JK 김동욱이 나타나네!"

수년 전, 어느 음악예능 프로그램에서 가수 박미경이 공연을 보고 현장에서 보여준 리액션 장면이다. 카메라를 의식한듯 기계적인 리액션을 보여주어 SNS에서 한동안 '유머 짤(화면 캡처 이미지)'로 회자되기도 했다. 어쩌면 박미경에게는 흑역사로 남은 '짤'이었지만, 한 광고회사는 유머 소재로 활용되었던 디지털 밈 Meme *을 끌어와 이를 캠페인으로 재탄생시키며 붐업을 일으켰다. 어느 정도 재미가 보장된 소재 덕분에 디지털 상에서 유저들의 뜨거운 반응을 얻어낸 것이다.

▲ 드라마 속 한 장면인 '4딸라'를 패러디한 버거킹 광고(출처: 버거킹 페이스북)

권위를 내려놓자 열광하다

'엄근진', '진지충'일 것 같은 일명 '꼰대'들이 권위를 내려놓고 망가지는 모습은 밀레니얼의 열광을 불러일으키고 있다. 2019년 초 밈 트렌드와 함께 드라마 '야인시대'의 한 장면이 '4딸라' 짤로 유명해진 것이 대표적인 예다. 버거킹은 이 짤을 패러디한 광고를 통해 평소 배우 김영철이 갖고 있던 권위적이고 카리스마 있는 모습들과 상반된 모습을 보여주어 SNS에서 화제가 됐고, 더불어 김영철까지 대세로 우뚝 올라섰다.

역발상 마케팅 움직임은 광고계에서뿐만 아니라 정재계에까지 확산되고 있다. 부산광역시의 김석준 교육감은 '존중합시다. 리스펙!'이라는 코믹 교육 영상을 유튜브에 게재했는데, '존중'과 '리스펙'이 빠르게 편집되어 마치 랩을 하는 듯한 모습이 연출된

▲ 부산광역시 김석준 교육감의 '존중합시다. 리스펙!' 코믹 영상
(출처 : 부산광역시 유튜브)

다. 이에 네티즌들은 '교육감이 수능금지곡을 만들다니', '이제 타
인을 존중할 테니 제발 제 머릿속에서 나가주세요' 등의 반응을
보이며 열광했다. 해당 동영상은 조회수가 120만이 넘을 정도로
화제가 되었다.

기업들 역시 기존의 고급스러운 이미지를 벗어던지며 개인
SNS 채널을 개설하는 등 권위를 내려놓는 마케팅에 나서고 있
다. 이는 소비자들이 기업에 가지는 심리적 문턱을 낮추고 친근
한 이미지를 심어주어 소비자와의 접점을 넓히기 위함이다.

★★★ **별별 키워드: 밈(Meme)**

밈 진화생물학자 리처드 도킨스가 《이기적 유전자》에서 창안한 개념. 모방을 통해서 언어 사상 신념 태
도 유행이 전달되는 과정에서 유전자 역할을 하는 존재를 '밈'이라 불렀다. 일종의 '문화적 유전자'다.

인터넷 밈 SNS에서 유행하며 확산되는 이미지나 동영상. 기존 콘텐트의 일부를 편집·재가공해 탄생한다.
도킨스의 원래 '밈' 개념과는 조금 다르다. 동국대 조동기 교수는 "온라인상에서 입소문을 통해 전파되는
문화적 상징이나 사회적 사고"라고 칭한다. 해외에서는 1990년대 온라인에 널리 퍼진 춤추는 아기 사진
('댄싱 베이비')을 최초의 밈으로 보기도 하는데, 지금 같은 밈이라는 용어 사용은 2000년 이후 시작됐다.

짤 인터넷에 돌아다니는 이미지. 짤은 jpg, 움짤은 1~2초 내외 gif 파일이다. '짤방'이라고도 부른다.

선을 넘어 맥락을 파괴하다: B급 전성시대

A급보다 잘나가는 B급, 바야흐로 B급 전성시대다. B급의 비주류 문화가 정교하게 잘 짜인 A급 주류 문화를 위협하고 있다. 더 멋있고 고급스러운 것이 대중의 취향이라는 불문율을 깨고 '삼류'스러움, '쓸고퀄(쓸데없는 고퀄리티)'이 더 주목받는다. 원래 'B급 영화'에서 유래한 'B급'이라는 키워드는 이제 주류에서 벗어난 하위문화로서 대중의 지지를 받는 문화 콘텐츠를 통칭하는 말이 되었다. '일류'만 추구하는 사회에 염증을 느낀 밀레니얼 세대는 '유치', '허무', '찌질'로 대변되는 B급에 열광하고 있다.

배우 조정석과 걸그룹 에이핑크의 손나은이 출연한 '동원참치' 광고는 '수능금지곡'으로 불릴 정도로 중독성이 강한 멜로디와 B급스러운 언어유희를 활용한 '동원참치송'으로 유튜브와 SNS 등 온라인에서 화제를 모으고 있다. 가수 송가인이 출연한 '초월홍삼' 광고 역시 유치하지만 중독성 강한 멜로디의 '초월홍삼송'과 B급 그래픽 덕분에 15초 분량의 유튜브 광고를 '건너뛰기' 버튼을 누르지 않고 끝까지 시청한 조회율이 30%에 달했다.

기존의 서사와 맥락은 '기승전결'의 구조를 중심으로 이루어지지만, 밀레니얼 세대에게 기승전결의 서사는 중요하지 않다. 밀레니얼 세대를 사로잡기 위해서는 우선 임팩트가 강해야 하고, 그 속에서 효율적이고 신속하게 정보를 전달해야 한다. 맥락의 파괴가 필요하다. 임팩트 있는 정보 전달을 위해서 '기승전결'이 아니라 이제는 '기승전−병(맛)', 더 나아가 '기승전'을 건너뛰고

'병병병병'으로 진행되어도 괜찮다.

B급 정서의 대표적인 예로는 곽철용이라는 캐릭터를 들 수 있다. 영화 '타짜3'의 개봉으로 '타짜1'을 다시 찾아보는 사람들이 많아지며, 당시에는 부각되지 못했던 전형적인 건달 캐릭터인 곽철용이 재조명되고 있다. "묻고, 더블로 가.", "화란아, 나도 순정이 있다.", "마포대교는 무너졌냐. XX야.", "젊은 친구들, 신사답게 행동해." 등 곽철용 캐릭터가 B급 정서, 밈 트렌드와 결합되어 하나의 놀이문화가 되었다.

네티즌들은 극중 건달이자 깡패인 곽철용 캐릭터를 두고 '자신을 무시하는 상대에게도 신사답게 행동하는 순정파', '미국에 아이언맨이 있다면 한국에는 아이언드래곤(철용)이 있다'며 열광하고 있다. 김교석 대중문화 평론가는 이를 두고 "곽철용 캐릭터는 좌고우면하지 않는 마초적 성향의 캐릭터인데, 많은 사람들이 요즘의 무거운 분위기 속에서 예전에 '타짜'가 상영할 당시에는 찾지 못했던 쾌감을 느끼는 것 같다."고 말했다.

마지막으로 2019년 하반기 최고 히트 드라마 KBS '동백꽃 필 무렵'의 남자 주인공인 용식(강하늘)을 가리키는 '촌므파탈'은 '촌스러움'과 '옴므파탈'의 합성어다. 촌스러우면서 치명적인 매력을 가진 남자를 뜻한다. 충청도 사투리를 진하게 쓰는 용식은 전문직도, 재벌 2세도, 나쁜 남자도 아니다. 남자 주인공으로서는 전에 없던 캐릭터다. A급 주류 문화에서 벗어난 B급 문화가 만들어낸 새로운 캐릭터들이 대중들의 사랑을 받으며 급부상하고 있는 것이다.

지켜야 할 '선'은 지키다

경찰청 통계에 따르면, 2018년 한 해에만 악성 댓글 등 인터넷 게시글로 발생한 온라인 명예훼손 및 모욕 사건이 1만 5,926건에 이르렀다. 포털사이트 다음 카카오는 악플러들에 대한 대응으로 댓글 기능을 2019년 10월 31일부로 폐지했으며, 2020년 2월 실시간 검색어 순위 서비스도 중단했다.

다음 카카오는 댓글 서비스가 포털 내 트래픽을 다량 만들어내 회사 수익과 직결되는 부분임에도 불구하고, 더 큰 사회적 소명에 부합하기 위해서 결정했다고 밝혔다. "댓글 창이 건강한 소통과 공론의 장을 마련한다는 목적에도 불구하고 그에 따른 부작용 역시 존재해왔다."며 "오랜 시간 다양한 고민의 과정을 거쳐왔고, 그 첫 시작으로 연예 뉴스 댓글 서비스 잠정 폐지를 결정했다."고 밝혔다. 2019년 10월, 다음이 연예뉴스의 댓글을 없앤데 이어, 네이버도 2020년 3월 5일부터 동일 서비스를 종료했다.

미국 대표 언론 〈뉴욕타임스〉, 〈월스트리트 저널〉, 〈워싱턴 포스트〉는 기사 첫 화면에서 댓글을 볼 수 없게 해두었으며, 클릭을 한 번 더 해야 댓글 창을 열 수 있게 설정하고 있다. 또 〈뉴욕타임스〉의 경우, 댓글을 달 수 있는 기사를 한정해 선택적으로 댓글 창을 제공하고 있으며, CNN 등 방송사 역시 댓글을 달 수 있는 기사를 한정해 선택적으로 제공한다. 영국의 BBC, 〈가디언〉 등은 댓글 창이 없다.

반면 일본의 사정은 한국과 비슷한데, 일본의 대표 검색 포털인 야후 재팬 역시 댓글 창이 있고 다양한 댓글이 달리고 있다. 야후 재팬은 문제가 되는 댓글에 대응하기 위해 2019년 6월부터 악성 댓글 점검, 미 표시, 삭제 조치를 진행하고 있다.

정치적 올바름: '공정성'과 '정의'를 위해 적극적으로 움직인다

밀레니얼 세대와 Z세대들은 "B급 유머를 쓰지만 B급 인생은 아니에요."라고 자신들을 표현하며 정치적 올바름Political Correctness을 추구한다. 이들은 세상이 공정하지 않다고 인지하고, SNS 등을 통해 불공정을 적극적으로 개선하려고 한다. 환경, 성평등, 인종차별 금지 등의 이슈에 대해 그 누구보다 예민한 세대가 이들인데, 밀레니얼 세대는 이것을 텍스트로, Z세대는 동영상으로 공유하고 공부한다.

2019년 3월, 연예계 성관계 영상 불법촬영 및 유출이 이슈로 떠오르자, SNS를 통해 가해자들의 실명이 공개되고 가해자들과 친분 있는 연예인들이 피해자로 추측되기 시작했다. 그러자 MZ세대는 SNS에 '우리는 피해자가 궁금하지 않습니다'라는 노란색 경고문구를 페이스북을 통해 내걸었고, '#우리는_피해자가_궁금하지_않습니다'라는 해시태그 운동을 전개했다.

〈타임〉지가 선정하는 '2019 올해의 인물'에 최연소로 선정된 그레타 툰베리는 급변한 기후 환경에 절망감을 느끼고 직접 환경운동에 뛰어든 소녀로, 이와 같은 MZ세대를 대표한다. 환경오염으로 생태계가 위협되고 사람들은 고통받고 있는데, 이처럼 대량 멸종이 도래한 시점에 아직도 경제성장만 이야기하는 것은 너무 무책임하다고 주장하며 100개 이상의 도시에서 학생들의 파업을 이끌어내기도 했다. 또한 UN 기후변화협약 당사국 총회, 다보스 포럼, 기후행동 정상회의에서도 연설을 이어가며 전 세계의 주목을 받고 있다. 마땅히 누려야 할 소녀로서의 행복보다 우울함을 희망으로 바꾸기 위해 환경운동을 시작한 그녀는 누구보다 크게 선한 영향력을 나누고 있다.

지속가능한 착한 소비

MZ세대는 '거북이 코에 꽂혀 있는 플라스틱 빨대'를 뽑는 동영상을 보고 공유하며 환경을 살리기 위하여 앞장선다. 그들은 아무리 멋진 제품이라고 광고를 해도 제작과정에서 잘못된 점을 발

▲ SNS를 통해 확산되고 있는 #Whomadeclothes 캠페인 인증샷(출처: 인스타그램)

견하면 구매하지 않는다. 예를 들어 어떤 기업이 진짜 모피가 아
닌 에코 퍼로 만든 아이템을 착한 제품이라고 판매했는데, 그 옷
을 제작하는 과정에서 심각한 환경오염을 일으켰다는 사실을 접
하면 지갑을 열지 않는 것이다. 공정성이 침해당했다고 생각하면
즉시 소비하지 않는 것으로 표현한다.

최근 유럽의 밀레니얼과 Z세대 사이에서는 #Whomade-
clothes(누가 내 옷을 만들었나) 해시태그도 유행이다. 소비자들이 의
류 브랜드나 디자이너를 SNS에 함께 태그하면, 브랜드나 디자이
너가 자발적으로 노동환경을 찍은 사진을 올리며 'I made your
clothes(내가 그 옷을 만들었다)'라고 답한다. 제작 공정까지 투명하
게 공개함으로써 환경에 미치는 영향을 줄이자는 취지다.

플라스틱 페트병, 버려진 다운재킷이나 침구류 등의 폐기
물 리사이클링을 통해 재킷, 신발, 가방 등을 제작해 새로운 쓸모
와 가치를 만들어내기도 한다. 또한 '리사이클 다운'(오리털 재활용)

이 지속 가능한 '컨셔스 패션Conscious Fashion'을 이끌 차세대 다운으로 주목받고 있다. 세계적 그룹인 방탄소년단의 리더 RM은 자동차 부품을 재활용해 만든 '컨티뉴 백팩'을 유럽여행 중 착용해 '개념돌'로 인정받았다.

　　이제 밀레니얼 세대들은 기업이 비즈니스를 하는 과정에서 얼마나 악행을 덜 저질렀는지, 혹은 얼마나 사회적인 기여를 했는지를 본다. 즉 기업이 돈을 버는 것도 중요하지만 그 과정에서 사회와 얼마나 융합하느냐가 중요해졌기 때문에, 기업들은 경제적 가치뿐만 아니라 환경과 사회를 위한 가치를 동시에 추구해야 한다.

## 2

올드크러시: 힙한 옛것

디지털 네이티브, 아날로그 감성을 추구하다
새로움을 찾는 또 하나의 놀이
미래에 대한 두려움
과거와 현재를 잇다

'익숙함 속에서 새로움을 찾는다'는 말은 굉장히 모순적이다. '익숙하다'의 사전적 정의는 '어떤 대상을 자주 보거나 겪어서 처음 대하지 않는 느낌이 드는 상태에 있다'다. 당연히 '새롭다'와 상반되는 의미다. 그런데 익숙함과 새로움이 함께 공존하는 단어가 있다. 바로 '뉴트로Newtro'다.

　　과거를 의미하는 레트로retro와 새로움을 의미하는 뉴new가 합쳐진 뉴트로는, 누구에게는 추억과 향수를, 누구에게는 신선함과 새로움을 준다. 손가락 터치 몇 번만으로 모든 것이 이루어지고 매일 새로운 것이 수도 없이 쏟아져 나오는 시대에 왜 사람들은 굳이 '낡고 빛바랜 옛것'에서 새로움을 찾는 것일까? 한 치 앞을 예측할 수 없이 하루가 다르게 변해가는 세상 속에서, 어쩌면 과거에 이루어놓은 것들로부터 안도감과 위로를 얻고 나보다 먼저 세상에 발을 내딛고 나아가고 있는 인생 선배들로부터 "너희도 이렇게 잘해 나갈 수 있어."라는 지지를 얻고 싶은 것은 아닐까?

두 번째 트렌드 키워드는 '올드크러시'다. 이 장에서는 '오래됨, 늙음, 과거'를 뜻하는 올드old와 '반하다'라는 의미의 크러시 온crush on을 합친 올드크러시를 통해 '오래된 것들에 반하게' 만든 사람들과 기업들의 이야기를 담았다.

밀레니얼 세대는 '새로움'과 '힙함'을 추구한다. 오래된 것, 나이 든 사람이라는 이유만으로 외면하지 않는다. 그들은 새롭고 힙하다면 무엇이든 기꺼이 수용하고 더 나아가 그들만의 문화로 재생산한다. 옛것이라 오히려 더 신선하고, 이상해서 재미있다. 올드크러시를 통해 새롭고 신선한 것에 대한 맹목적인 추구가 아닌, 불안한 새로움과 안정된 익숙함의 사이에서 당신이 추구해야 할 '익숙한 새로움'에 대해 생각해보자.

힙트로: 디지털 네이티브,
아날로그 감성을 추구하다

'힙하다'란 표현은 영어 'hip'과 '하다'를 합친 신조어다. '힙'은 원래 엉덩이를 가리키는 말이지만, 영어권에서는 '최근 사정에 밝은'이란 뜻의 'hep'과 유사하게 '최신 유행이나 세상 물정에 밝은'을 뜻하는 말로 사용된다. 또한 '힙'에 행위자를 뜻하는 접미사인 '-ster'를 붙이면 '힙스터hipster'가 되는데 유행을 따르지 않고 서브컬처를 지지하는 이들을 지칭할 때 쓴다. MZ세대에게 '뉴트로'란 주류가 아닌 서브컬처이자 남들과는 다른 나만의 개성을 드러낼 수 있는 요소로써 그 자체만으로 '힙'한 감성을 갖는다. 이러한 감성은 패션, 식음료, 가전, 생활, 취미 등 다양한 분야에 영향을 끼치고 있다.

옛것, 추억과 새로움의 공존: 온라인 탑골공원, 슈가맨

'온라인 탑골공원'과 '슈가맨 시즌 3'로 1990년대 문화와 가수들이 재조명되고 있다. 1990년대 당시 10대였던 20~30대에게는 추억을, 1990년대 문화가 생소한 10~20대에게는 신선함과 새로움을 주며 화제를 불러일으키고 있다.

SBS가 운영하는 음악 전문 유튜브 채널인 'SBS K팝 클래식'은 2019년 8월 초부터 24시간 스트리밍 기술을 점검하는 차원에서 1990~2000년대 'SBS 인기가요'를 실시간 스트리밍했다. 1990년대 가수들이 익숙하지 않은 MZ세대들은 현재 배우로 활동하는 윤계상이 속한 god를 보고 '장첸이 거기서 왜 나오냐'며 '장첸소년단', 당시 파격적인 의상을 선보인 이정현을 '조선의 레이디 가가', 백지영을 '구한말 청하', 려원을 '탑골 제니'라고 부르는 등 요즘 가수들에 빗대어 별명을 붙이고, 'SBS K팝 클래식' 채널에는 '온라인 탑골공원'이라는 애칭을 붙여주었다.

2019년 11월부터 방영되기 시작한 JTBC '투유 프로젝트-슈가맨3'는 대한민국 가요계에서 한 시대를 풍미했다가 사라진 가수, 일명 '슈가맨'을 찾아 나서는 프로그램이다. 1, 2회에 등장한 태사자와 '1990년대 GD' 양준일은 방송 후 실검 장악 및 화제성 1위를 기록하며, 지난 세대에게는 가슴 한편에 숨어두었던 추억을 소환하고 MZ세대에게는 옛것에 대한 새로움을 선사했다. 태사자를 처음 접한 10대들은 무대를 보며 '춤이 이상하다'는 반응을 보이기도 했지만, '만약 이 노래가 지금 나온다면 떴을 것이다'에 과반수가 긍정을 의미하는 '불'을 밝혔다. 양준일의 무대를

▲ 판매 5분 만에 '품절' 되어 2차 예약판매까지 진행된 참이슬 백팩(출처: 무신사 홈페이지)(왼쪽) ▶ 인싸들만 입는다는 곰표 패딩(출처: 대한제분 제공)(오른쪽)

본 사람들은 '1969년생에게 덕질을 하게 될 줄이야'라는 등의 반응을 보였고, 팬미팅 행사는 티켓 오픈과 동시에 전석 매진, 서버 마비라는 기염을 토해냈다. 양준일의 에세이 책 역시 출간 3시간 만에 7,000부가 판매되는 등 양준일은 '대세 오브 더 대세'로 떠올랐다.

레트로가 아닌 힙트로

'힙스터는 곰표 패딩을 입고 을지로로 간다'는 인싸를 통칭하는 표현이다. SNS에서 '곰표 패딩'과 '참이슬 백팩'이 화제다. 곰표는 시그니처 캐릭터인 '북극곰'을 이용한 다양한 굿즈 제작으로 젊은 세대들에게 구준한 관심을 얻고 있다. 낡은 인쇄 골목과 종로

탑골공원으로 시니어들의 공간이었던 을지로는 '빈트로' 열풍과 함께 젊은이들의 명소가 되었다.

곰표 패딩, 참이슬 백팩, 메로나 운동화…, 이걸 돈 주고 산다고?

식품업계와 패션업계의 컬래버레이션 상품이 화제를 모으며 '인 싸템'으로 떠오르고 있다. 이른바 '푸드 패션'은 한정판으로 판매 되며, 어디에서도 찾아볼 수 없는 디자인으로 개성을 중시하는 1020세대 사이에서 인기를 끌고 있다. 밀가루 브랜드 곰표와 온 라인 패션몰 4XR의 컬래버레이션으로 제작된 '곰표 로고를 그 대로 박은' 패딩이 큰 화제를 모았다. 하이트진로가 온라인 패션 몰 무신사에 선보인 400개 한정 참이슬 백팩은 5분 만에 완판됐 으며, 출시 당시 4만 9,000원이었지만 온라인 중고 거래 사이트 에서 13만 원에서 최고 25만 원에 판매될 정도로 인기가 '핫'했 다. 이밖에 부산의 소주업체 대선과 신발 브랜드 콜카가 컬래버 한 '대선 슬리퍼', 빙그레와 휠라의 컬래버 상품 '메로나 운동화' 도 빼놓을 수 없는 인싸템이다.

힙지로와 빈트로

을지로는 어느덧 젊은이들이 즐겨 찾는 명소로 떠오르며 '힙지 로', '오프라인 밀레니얼 탑골공원'으로 불린다. '을지로' 인스타그램 사진량을 보면, 2013년 5건에서 2019년 1,705건으로 폭발적으로 늘어났다. 을지로에서 수십 년 이상 장사한 노포들이 모여 있는 '노가리 골목'과 '골뱅이 골목'은 젊은 세대의 명소가 되어 MZ세대들이 모여들고 있다

또한 젊은 세대는 뉴트로를 넘어 예스러우면서도 아름다운 '빈티지 감각'이 더해진 '빈트로'에 열광하고 있다. '낡아서 새롭다'며 20년 넘은 인쇄기를 인테리어 소품으로 내세우거나, 일본의 오래된 다방을 연상시키는 인테리어로 빈트로 감성을 공략한다.

시니어 힙스터들에게 열광하다

60대 이상의 시니어 모델이 또래의 중장년층에게는 공감을, 젊은 층에겐 롤모델로 주목받으면서 유통업계에서 60대 이상의 시니어 모델을 활용한 마케팅이 강화되고 있다. MZ세대는 시니어들도 이 시대를 함께 살아가는 주인공으로서 존중하고, 그들의 생각과 그들의 문화에 관심을 갖고 공감하고자 한다.

모델 김칠두와 시니어 유튜버 박막례의 경우 기존 노인의 이미지를 깬 과감한 스타일과 소통법으로 젊은 층의 지지를 얻으며, '나도 저렇게 근사하고 유쾌하게 나이 들고 싶다'는 생각과 공감을 끌어냈다. 국내 최초로 패션위크에 오른 시니어모델 김칠두는 KT의 5G 광고로 얼굴을 알리며 '5G 할아버지', '한국의 간달프' 등의 별명으로 불리고 있다.

또한 KBS '전국노래자랑'에 나와 손담비의 '미쳤어'를 불러

화제가 된 지병수 할아버지는 지난해 '할담비 지병수Korea Grand-pa's Crazy K-pop'이라는 유튜브 채널을 개설해 삽시간에 1만여 명의 구독자를 확보하며 폭발적인 인기를 끌고 있다.

브랜드가 가진 진정성: 헤리티지Heritage

뉴트로 마케팅은 단순히 '추억 팔이'가 아니다. 그 본질은 시간의 힘을 활용한 진정성을 소비자에게 파는 것이다. 즉 지금까지 소비자의 사랑을 받아 성장했음을 직접적으로 드러내는 것이 아니라, 브랜드의 과거를 보여줌으로써 오히려 현재를 소비자에게 인식킨다. 뉴트로는 시간의 무게를 버티고 살아남은 브랜드만이 지닐 수 있는 진정성이다.

　　LG전자는 2019년 5월 10일 세탁기 사업 50주년을 맞아 '한국인의 세탁'이라는 제목의 온라인 광고를 선보였다. 디지털 세대들에게 LG전자 세탁기의 역사를 어필한 것이다. 잔잔한 다큐멘터리 형식으로 제작된 이 영상은 배우 최불암이 '백조 세탁소'라는 이름의 오래된 세탁소를 방문하면서 시작된다. 1969년 금성사가 국내 최초 세탁기인 백조 세탁기를 세상에 내놓으면서 당시 세탁소들이 가게 이름을 백조 세탁소라고 짓는 경우가 많았다. 최불암은 세탁소 주인인 노부부와 함께 본인이 모델을 맡았던 백조 세탁기를 추억했다. 이 광고는 익숙한 장년층 모델을 통해 장수 브랜드를 소개하는 형식으로, 젊은 층과 호흡하는 뉴트로 광고 트렌드를 적용한 사례다.

▲ 국내 최초 세탁기인 금성 백조 세탁기 50주년 기념 광고(출처: LG전자 유튜브)

세정그룹의 라이프스타일 패션 편집숍 웰메이드는 대표 브랜드 '인디안'의 45주년을 기념해 2019년 11월 12일 '인디안'의 초창기 광고를 현대적 감성을 담아 리메이크한 '타임리스 클래식 Timeless Classic' 헤리티지 캠페인 영상을 공개했다. 그때 그 시절로 돌아간 듯한 아날로그적인 연출과 마치 1970년대 TV광고를 연상시키는 내레이션이 더해져, 브랜드가 익숙한 중장년층에게는 향수를, 젊은 세대에게는 신선한 재미를 선사했다.

디지털 시대에 아날로그 기업이 생존할 수 있는 비결은, 오랜 역사를 가진 기업만이 만들어낼 수 있는 가치와 정서가 깃든

제품으로 승부하는 것이다. 그 대표적인 예가 독일 필기구 회사 몽블랑이다. 몽블랑은 시간이 흘러도 변치 않는 클래식한 디자인을 추구한다. 그렇다고 젊은이들의 시장을 포기한 것은 아니다. 젊은이들을 겨냥해 팔더라도 한때의 유행에 그치는 게 아니라, 시간이 흘러도 변함없이 사랑받는 상품을 만든다. 20년 후에도 고객들이 만족하고 자랑스러워할 수 있는 제품이야말로 '가치'가 될 수 있다고 믿기 때문이다. 몽블랑의 루츠 베이커Lutz Bethge 회장은 "디지털 기기에 빠져 있는 아이들에게 '내가 20년 동안 쓴 이 펜을 너에게 물려주려고 한다.'고 말하면 아주 놀랄 거예요. 요즘 아이들에게도 아빠가 20년 이상 사용한 제품이라는 느낌은 남다르게 다가올 테니까요."라고 말했다.

옛 콘텐츠와 브랜드 콘셉트의 조화

옛것을 모티브로 만들어진 뉴트로는 시간이 지나면 콘텐츠의 힘이 떨어질 수밖에 없다. 마냥 옛것과 과거를 복기하는 것만으로는 계속해서 사람들을 끌어당길 수 없기 때문이다. 비슷비슷한 레트로풍의 점포가 많이 생겨나다 보면 소비자들이 오히려 싫증을 느낄 수 있다. 뭐든 과도하면 거부감을 느끼는 법이다. 여기서 중요한 포인트는 '조화'다. 인기가 있다고 여기저기에서 갖다 쓴 모양새가 역력한 인테리어가 아닌 옛것과 새것의 조화가 잘 이뤄지도록 해야 한다.

그래서 뉴트로를 개념 없이 따라하는 것은 위험하다. 개념

없는 유행에는 소비자들이 반응하지 않는다. 어설프게 흉내만 내어서는 콘텐츠의 완성도를 높일 수가 없으므로 브랜드 콘셉트와 보여지는 것들 모두가 일치되어야 한다. 레트로 콘셉트 안에도 스토리텔링이 잘된 기업, 브랜드만이 승승장구한다. 경쟁력을 가지려면 메뉴나 브랜드에 스토리를 입혀야 한다. 레트로 트렌드의 무늬만 흉내 내는 것이 아니라 레트로스러운 외형에 브랜드의 아이덴티티를 잘 녹여야 하는 것이다.

그러기 위해서는 브랜드 콘셉트에 맞게 고객이 경험할 수 있는 무언가를 주는 것이 중요하다. 고급 수입차가 문 닫히는 소리까지도 가볍지 않게 만드는 것처럼 말이다. 식당이라면 단순하게 복고풍 인테리어 소품을 나열하는 것이 아니라, 젓가락의 재질, 무게같이 작지만 고객이 오감으로 경험하는 지점들을 놓치지 않아야 한다.

복고 트렌드는 지금 그대로를 답습한다면 오래 지속되기 어렵다. 레트로에서 뉴트로로 진화했듯 '뉴트로 2.0'으로 업그레이드해야 한다. 소비자가 목말라하는 부분을 찾아 지속적인 버전업으로 차별화를 시도해야 제품이든 브랜드든 살아남을 수 있다.

낯설렘: 새로움을 찾는
또 하나의 놀이

'싫증'을 가장 참기 어려워하며 유명한 것보다는 새로운 것을 찾는 밀레니얼 세대에게 '뉴트로'는 가보지 않은 길에 대한 설렘과 같다. 이들에게 새로움을 찾는 것은 또 하나의 놀이인 셈이다.

밀레니얼 세대의 가치관은 '소유의 종말'에 맞닿아 있어서, 이들은 '소유ownership'가 아닌 '접속access', 즉 '사용'과 '경험'에 집중한다. 온라인상에서 눈과 귀만 만족시키는 '겉핥기식' 경험에 지친 MZ세대는 오감을 만족시키는 새로운 경험을 찾아 적극적으로 소비에 나서고 있다. 이를 한마디로 정리하면, '낯섦에서 오는 설렘'인 '낯설렘'*이다.

2030 지갑은 '오감'이 충족될 때 열린다

'낯설렘'의 대표적인 예가 영화 '보헤미안 랩소디'다. 2018년 하반기 극장가를 강타했던 이 영화는 약 994만 명의 관객을 동원하며, TV 매체에서 퀸의 공연실황 재방영 특집편성을 이끌어내는 등 하나의 신드롬을 만들어냈다. 그리고 이러한 신드롬을 만들어낸 주체는 아이러니하게도 퀸의 라이브 무대를 한 번도 본 적 없는 MZ세대였다. MZ세대에게 보헤미안 랩소디는 추억이 아닌 새로움과 쿨함이다. 보헤미안 랩소디 열풍은 시각적 자극을 충족시키는 콘텐츠를 넘어 공감각적 경험을 추구하는 MZ 세대의 특성을 여실히 보여줬다. 영화 속 공연 장면을 마치 실제 라이브 콘서트처럼 따라 부르며 환호하고 응원하는 '싱어롱singalong' 상영관에서의 실감나는 경험은 이들의 취향을 제대로 저격했다.

'실감 세대'의 탄생

돈을 벌면 비싼 옷을 사고 자동차를 사고 집을 사는 '소유' 위주의 소비를 해온 이전 세대와는 달리 MZ세대는 독특한 '체험'이나 '경험'을 위해서 시간과 돈을 주저 없이 투자한다. 전에 없는 새로운 감각을 보다 적극적으로 소비하는 이 세대를 '실감 세대'라고 한다.

동서식품이 이태원에 선보인 오프라인 커피숍 '맥심 플랜트'
(출처: 맥심 플랜트 제공)

'한 달 살기' 여행은 실감 세대의 특성을 잘 보여준다. 공간을 경험하는 방법 중 하나인 '한 달 살기'는 평소 살아보고 싶었던 도시나 주거 형태에 가서 일상을 지내는 것이다. 한곳에 정착해 현지인처럼 살아보는 '한 달 살기 여행'은, 단순히 관광지를 돌아보고 유명 맛집에 들르는 여행을 넘어 A부터 Z까지 현지인과 같이 실감 나는 경험을 추구하는 욕구가 반영된 것이다.

동서식품이 이태원에 세운 오프라인 커피숍 '맥심 플랜트'도 좋은 예다. 맥심 플랜트에 준비되어 있는 '공감각 커피'를 주문한 뒤 스마트 패드를 이용한 짧은 취향 문답을 마치면 24가지 원두 중 하나를 추천해준다. 특별한 점은 원두와 어울리는 음악과 시, 글귀 등이 함께 제공된다는 점이다. 커피를 마시며 추천받은 시를 읽고 음악을 들을 수 있어, 말 그대로 공감각적 경험을 만끽할 수 있다.

오프라인 '방 탈출 카페'는 온라인 게임 화면 속 세트를 실제 현실 공간으로 옮겨, 직접 보고 듣고 만지며 추리하고 단서를 찾아 탈출하도록 구성되어 있다. 모이고 만나고 직접 움직이고 사용하면서 모든 감각을 통해 느끼기를 원하는 '실감 세대'의 욕구에 딱 들어맞는 곳이다.

이 밖에도 백화점들이 대규모 VR 체험존을 설치하는 등 실감 세대에게 어필하기 위한 기업들의 움직임이 점점 더 활발해지고 있다.

★★★ **별별 키워드: 낯설렘**

'낯선 경험이 주는 설렘'을 의미하는 신조어. 온라인에서만 보고 느끼던 것에 싫증을 느낀 사람들이 오감을 만족시키는 '심쿵'한 경험을 즐기면서 탄생한 말이다.

레트로토피아: 미래에 대한 두려움

밀레니얼 세대는 6·25 이후 '부모보다 가난한 첫 세대'로 분석된다. 밀레니얼 세대는 단 한 번도 과거의 호황을 겪어보지 못했지만, 불확실하고 희망이 없는 불안한 미래보다는 안정성을 지닌 익숙한 과거를 더 신뢰하고 그리워한다.

모든 것이 풍요로운 시대 속의 결핍

저널리스트 데이비드 색스David Sax는 아날로그가 대중들을 매혹하는 까닭으로 '물질성'과 '희소성'을 꼽았다. 이제부터 더욱 커져갈 밀레니얼 세대의 결핍은 '물질성'이다. 인공지능의 등장으로 인간 존재의 유일성이 위협받고 있으며, 증강현실은 현실과 가상의 경계를 무너뜨리고 손으로 느끼는 감각마저 무용하게 만든다.

실체가 없고 무수히 복제할 수 있는 디지털 사진보다 인화해 손으로 만지고 보관할 수 있는 필름 사진이 더 희소성이 있다.

밀레니얼 세대가 느끼는 또 다른 결핍은 '자기 관여성'이다. '자기 관여성'은 어떤 일에 관여하고 있다는 실감에서 얻어지는 만족도를 말한다. 예를 들어 LP를 재킷에서 꺼내 턴테이블에 올리고 조심히 바늘을 내리는 행위는 자기 관여성이 높다. 그래서 '내가 주체적으로 음악을 감상한다'는 즐거움을 느낄 수 있다. 자율 주행차의 상용화를 앞두고 있는 이때, 오토매틱이 아닌 수동 변속기에 사람들이 새로이 관심을 갖는 것도 비슷한 사례다. 《채식주의자》를 쓴 작가 한강은 어느 인터뷰에서 이렇게 말했다.

> "유튜브 다음은 뭐지? 다시 종이책이 아닐까? 사람들이 손으로 만질 수 있는 것에 배고파하고 있다고 생각해요. 모니터 속에 존재하는 이미지의 총합이 아니라 손으로 만질 수 있고 크기와 무게가 있고 감촉이 있는 매체를 그리워하고 있지 않나 생각합니다."

익숙한 과거로 돌아가려 하다: 레트로토피아

독일의 철학자 바우만Zygmunt Bauman은 자신의 저서 《레트로토피아》에서 "레트로토피아*는 분통 터질 정도로 변덕스럽고 불확실한 현재에 내재한 미래에 대한 두려움이 바로 그 원천"이라고 진단하며 "불안정하고 너무 뻔해서 신뢰할 수 없는, 미래에 더 좋아질 거라는 대중의 희망에 투자하기보다, 그 희망을 흐릿하게 기억되는 과거, 추정된 안정성과 그로 인한 신뢰성만큼의 값어치가 있는 과거에 다시 투자하기로 한 셈"이라고 말한다. 좋았던 과거, 다시 말해 안정성과 신뢰성을 품고 있는 지난 시간에 대한 그리움과 그 시절로의 회귀가 레트로토피아의 중핵을 이루고 있는 것이다.

디지털 네이티브, 아날로그 감성을 추구하다

새롭고 편리한 디지털 문화를 선호하는 디지털 네이티브인 밀레니얼 세대와 Z세대가 아날로그 시절의 문화와 삶의 방식에 호기심과 관심을 보이는 것은, 디지털 세상에서는 경험하지 못했던 인간적인 따뜻함을 아날로그 시절의 삶과 문화에서 발견했기 때문이다. 디지털은 결과만 중시하기 때문에 자기 성취감이 적은 반면, 아날로그는 전체 과정을 중시하기 때문에 현실 속 무력감에 빠진 젊은 세대에게 만족감을 줄 수 있다.

디지털은 잊기 위함이고, 아날로그는 간직하기 위함이다. 불편하지만 여유를 가지고 기다리며 소유의 즐거움을 느끼려는 사람들의 욕구가 반영되어 아날로그가 부활하고 있는 것이다.

일례로 다이어리를 꾸미며 소장하기 좋아하는 '다꾸족'이 있다. 1020세대 청소년층에서뿐만 아니라 중장년 세대에서까지 '다꾸 문화'가 살아나고 있다. 자신만의 색채를 넣어 다이어리를 꾸미는 것이다. 휴대폰에 일정관리 및 캘린더 앱들이 설치돼 있음에도 실물 다이어리 수요가 여전한 것은 기능성과 편의성 못지않게 정체성과 가치성을 따지기 때문이다. 남들도 비슷하게 쓰는 휴대폰 앱 대신 직접 손으로 쓰고 수시로 만져볼 수 있는 다이어리를 놀이로 생각하고 꾸미는 것이다. 이들에게는 '다꾸' 자체가 아날로그적 새로운 놀이문화인 것이다.

★★★ **별별 키워드: 레트로토피아**

레트로와 유토피아의 결합어로 지그문트 바우만이 마지막으로 남긴 유작의 제목. '실패한 낙원의 귀환'이라는 부제가 붙어 있다. 과거의 호황을 겪어보지 못한 밀레니얼 세대가 찾고 있는 이질적인 향수를 표현한다. 유토피아가 미래를 향한 비전이라면, 레트로토피아는 과거에 대한 향수를 의미한다.

올드크러시: 과거와 현재를 잇다

올드크러시는 '과거'와 '현재'를 잇는 마케팅 방법이다. 떠나보내고 싶지 않은 과거를 소환하는 기성세대와 한 번도 가보지 않은 과거를 경험하는 젊은 세대를 잇는 올드크러시를 '보존', '부활', '접목'의 관점에서 이해해보자.

아직 떠나보내고 싶지 않은 것을 '보존'하다

레트로에 열광하는 이유는 그것을 경험하지 않은 사람들이 느끼는 새로움 때문이기도 하지만, 과거를 살았던 사람들이 추억을 그리워하며 위로받고 싶어 하기 때문이다. 이러한 욕구를 충족시키기 위해 기업들은 소비자가 과거에 경험해온 것들을 유지해 추억의 감성을 불러일으키면서도 현재의 기술이나 트렌드를 적

용해 '낡고 오래된 것'이 아닌 '새로운' 경험을 창출할 수 있도록
한다.

과거에 현재 딱 한 스푼! 과거를 업그레이드하다

닌텐도는 2016년 11월, 디자인과 게임의 종류를 과거 그대로 유
지하면서 USB 전원 케이블과 HDMI 케이블을 이용해 현재와의
호환성을 추가한 '닌텐도 클래식 미니'를 발매했다. 닌텐도는 세
계에서 가장 큰 규모의 비디오게임 기업 가운데 하나로, 오랜 역
사를 가진 기업인만큼 닌텐도의 레트로 게임에 대한 마니아 고
객층이 있다. 닌텐도는 이런 소비자들의 니즈를 파악해 약 30년
전에 처음 출시했던 게임기와 게임을 다시 선보인 것이다. 그 결
과 닌텐도 클래식 미니는 1,000만 대 이상 팔리며 레트로 열풍을
일으켰고, 생산물량을 모두 판매한 뒤 2019년 판매를 종료하며
레트로 게임기의 복각판이 상업적으로 성공할 수 있다는 것을
보여주었다.

하이트진로는 2019년 4월, 95년 전의 원조 진로소주인 '두
꺼비 소주'를 뉴트로 디자인으로 바꿔 재출시했다. 광고 카피도
'진로이즈백(진로가 돌아왔다)'으로 정했다. 하지만 소주의 알코올
도수는 최근 흐름에 맞게 16.9도로 맞추며 현재의 트렌드를 반영
했는데, '진로이즈백'은 출시 72일 만에 연간 목표치 1,000만 병
을 돌파했고, 매달 꾸준히 300만~350만 병씩 팔리고 있다.

▲ 30년 전의 디자인을 유지한 '닌텐도 클래식 미니' 한정판(출처: 닌텐도 인스타그램)(왼쪽) ▶ 레트로 열풍을 일으키며 추가 생산라인까지 가동시킨 하이트진로의 두꺼비소주(출처: 하이트진로 홈페이지)(오른쪽)

경험해보지 않은 것을 '부활'시키다

레트로는 그것을 경험해보지 않은 사람들에게는 '오래된' 것이 아니라 '새로운' 것이다. 그러므로 밀레니얼 세대에게 '새로운 경험'을 제공하는 방식으로 레트로 마케팅을 활용할 수 있다. 디지털 카메라가 아닌 필름 카메라로 촬영한 뒤 암실에서 흑백사진으로 인화해주는 '흑백 사진관'이 그 예다. 신한카드 빅데이터 연구소에 의하면 최근 2년간 흑백 사진관의 이용률은 연평균 86%나 증가했으며, 이용자의 34%가 컬러사진 시대에 나고 자라 흑백사진을 경험해보지 못한 '20대 여성'이라고 한다. 또 조선시대,

▲ 개화기 의상을 대여해주는 경성의복(출처: 경성의복 인스타그램)(왼쪽) ▶ 60년 전통 여관에서 복합문화공간으로 탈바꿈한 보안여관(출처: 보안여관 인스타그램)(오른쪽)

구한말, 근현대 콘셉트의 사진관도 늘어나고 있다. 흑백사진은 보정이 불가하고 촌스럽지만, 단 1장뿐이고 과거와 소통하는 새로운 것이기에 젊은 세대들은 기꺼이 이 경험을 하려고 한다.

　　서울 종로구 와룡동에 있는 '경성의복'은 개화기 시대의 의상을 대여해주는 곳으로, 다양한 개화기 콘셉트의 옷을 입고 사진을 찍고 의상을 입은 채 근처 익선동을 돌아다닐 수 있다. 에버랜드도 '월간 로라코스타'라는 축제를 개최해 다양한 레트로 콘셉트의 이벤트를 경험할 수 있도록 했다. 종로구의 '서대문여관'과 '보안여관'은 오래된 건물의 외관을 그대로 유지한 채 내부를 미술관, 게스트하우스 등으로 꾸며 톡톡 튀는 공간으로 탈바꿈해 MZ세대의 데이트 명소가 되고 있다.

'18 4 11

'19 5 11

▲ 모바일 카메라 앱 '구닥' ◀ 필름 카메라의 느낌을 살린 모바일 카메라 앱 '구닥'으로 찍은 사진(출처: 구닥 제공))

현재에 과거를 '접목'시키다

뉴트로 마케팅의 또 다른 접근법은 완전히 새로운 제품에 과거의 향수를 더하는 것으로, 차가운 디지털에 따뜻한 감성이 결합된 '디지로그Digilog'*다. 새것임에도 불구하고 오래된 느낌을 주는 마케팅 방식으로, '뉴스탤지어(Newstalgia, 새로움을 뜻하는 뉴new와 과거에 대한 향수를 뜻하는 노스탤지어nostalgia의 합성어)' 마케팅이라고도 불린다. 디지털 기술의 발전만으로는 21세기를 지배할 수 없다는 시장의 깨달음에 따라, 가장 좋은 디지털이란 감성적이고 따뜻하며 인간적이어야 한다는 인식에서 비롯됐다.

　삼성전자 갤럭시노트10은 S펜을 쥐고 버튼만 누르면, 사용자가 가장 좋아하는 펜을 주머니에서 꺼내 쓰는 것처럼, 언제든 글씨를 쓰고 그림을 그릴 수 있다. 필기도구를 움직일 때 나오는

'소리'에서도 아날로그적 즐거움을 느낄 수 있는데, 종이 위에 펜으로 글씨를 쓰는 것처럼 S펜으로 노트할 때도 사각사각 소리가 들리게 한 것이다. 이 소리는 굵은 서체인지, 가는 서체인지에 따라 달라지고 심지어 사용을 마친 S펜을 갤럭시노트10에 넣을 때는 펜 뚜껑이 닫히는 듯한 소리까지 연출하여, 아날로그의 디테일한 즐거움을 선사한다.

옛날 방식으로 사진을 찍는 모바일 카메라 앱 '구닥'은, 필름 카메라 모양을 본떠 만든 작은 뷰파인더를 통해 피사체를 확인해야 하고, 필름 한 통처럼 한 번에 찍을 수 있는 분량이 24장으로 한정돼 마음대로 찍을 수도 없으며, 오랫동안 기다려야 인화가 가능했던 예전 방식 그대로 3일이 지나서야 결과물을 확인할 수 있으며, 겨우 획득한 사진의 색감 역시 빛바랜 느낌을 준다. '구닥' 앱은 출시되자마자 국내 앱스토어 유료 부문 1위를 기록하며 '처음엔 낯설었지만 시간이 갈수록 디지털과는 사뭇 다른 아날로그 감성을 느꼈다', '빠르게 찍고 끝나던 스마트폰 사진과 달리 시간과 정성이 담겨 있어 좋다'는 반응을 끌어냈다.

오랜 전통을 기반으로 명품 메모장으로 각광받던 '몰스킨'은 디지털 기기의 발전으로 쇄락 국면으로 접어들어 사업이 존폐 위기에 몰리기도 했다. 그러나 키보드를 두들기던 사람들에게 필기, 즉 쓰는 즐거움의 욕구가 점진적으로 일어나기 시작했고, 몰스킨은 이를 기반으로 스마트 펜과 메모장을 연계함과 동시에 '에버노트'와 같은 디지털 메모 앱 등과도 연계해, 쓰는 즐거움과 디지털 기능을 아우르는 융합된 가치를 만들어냈다.

스마트폰이 범용화되면서 특별한 날들을 담은 사진들이 대량으로 클라우드에 저장되고 있지만, 쉽게 찍는 만큼 사진에 담긴 아날로그 감성도 옅어지고 있는 점에 착안한 '스냅스'는 디지털 사진을 아날로그 정취에 맞춰 보관하고 싶어 하는 사람들을 위해 서비스를 제공하고 있다. 스마트폰, 디지털카메라 등으로 촬영한 사진들을 모아 편집한 뒤 인터넷으로 전송하면 앨범이나 액자, 카드, 달력으로 만들어주는 것이다. '행복했던 순간을 더욱 오래도록 선명하게 기억할 수 있게 해준다'는 취지다.

이런 아날로그 감성은 20대와 부모 세대가 소통할 기회를 제공한다. 20대에게는 신선함을, 50대에게는 향수를 불러일으키며 세대 간 공감대를 만들기 때문이다.

★★★ **별별 키워드: 디지로그**

디지털과 아날로그의 합성어인 디지로그는 '아날로그 사회에서 디지털로 이행하는 과도기' 혹은 '디지털 기반과 아날로그 정서가 융합한 첨단기술'을 의미하는 용어로, 발전하는 디지털 기술에 인간의 감성을 융합해 넣는 것을 뜻한다. 디지털 기술의 제품이나 서비스를 아날로그로 보완한 디지로그가 새로운 '틈새'의 영역을 장악하면서 사회, 문화, 산업 전반에 하나의 흐름을 형성하고 있다.

## 3

페르소나,
내 속엔 내가 너무도 많아

진정한 나를 찾는 신념의 소비자들
'또 다른 나'를 응원하다
판을 뒤집은 교란자들

대중들은 자신과 직접 관련이 없는 외부의 객체라고 할 수 있는 인플루언서를 통해 감정을 표현하고 숨겨진 욕구를 충족시키며 내면의 자아를 형성해간다. 특히 최근에는 빅데이터와 AI를 기반으로 한 '초개인화 마케팅'으로, 기업은 개인에게 가장 근접한 페르소나를 통해 커뮤니케이션을 진행하고 있다. 이런 상황에서 주목할 것은 '고객은 어떤 페르소나를 기대하는가?'와 '우리 기업은 어떤 페르소나를 확보했는가?'다.

세계가 주목하는 아티스트 BTS는 앨범 '맵 오브 더 솔: 페르소나MAP OF THE SOUL: PERSONA'를 통하여 페르소나 속 진정한 나를 찾는 여정에 대해 이렇게 말한다.

"나는 누구인가 평생 물어온 질문 / 아마 평생 정답은 찾지 못할 그 질문 / 나란 놈을 고작 말 몇 개로 답할 수 있었다면 / 신께서 그 수많은 아름다움을 다 만드시진 않았겠지."

이 앨범은 사회적 가면과 진정한 자아 간의 괴리에 힘겨워하는 멤버들의 내적 고민과 갈등을 담고 있다. '내면의 그림자를 인정해야 앞으로 나아갈 수 있다'는 그들의 말은 단순히 BTS 멤버들에게만 국한된 이야기는 아니다.

세 번째 트렌드 키워드는 '페르소나'다. 이 장에서는 '나'를 드러내는 다양한 페르소나를 이야기 한다. 페르소나는 '이성적인 본성을 가진 개별적 존재'라는 뜻도 있지만 '사회적인 자아'도 의미한다. 부정적인 의미의 '겉껍데기'이기만 한 게 아니라, 사회생활에서 필수적인 것이기도 하다. 세상은 우리에게 가면을 벗고 진정한 나로 살아가라고 조언하지만, 실제 사람의 인격은 다면적이어서 우리는 상황과 장소에 맞게 계속 다른 페르소나로 바꿔가면서 인격의 균형을 유지해 살아가고 있는 것이다.

미닝아웃: 진정한 나를 찾는
신념의 소비자들

'미닝아웃'이란 '미닝meaning'과 '커밍아웃coming out'의 합성어로 개인의 취향과 사회적 성향을 거침없이 나타내는 행위를 말한다. MZ세대는 개성이 강하고 자신의 취향을 드러내는 데 익숙한 세대로, 값이 비싸더라도 지속가능하거나 윤리적인 가치가 있다면 거침없는 소비를 통해 자신을 나타낸다. MZ세대에게 소비는 '어떤 사회 문제에 관심 있는지'를 표현하는 수단이며, 나아가 사회적 이슈로 확장시킬 수 있는 수단이기도 하다. 이들이 주요 소비 계층으로 자리 잡으면서 미닝아웃 현상이 더욱 두드러지게 나타나고 있다. '갑질'로 지탄받은 유제품 업체, 가습기 살균제 피해를 일으킨 생활용품 회사 등 특정 기업에 대한 활발한 불매운동뿐 아니라, SNS에 '착한 구매'를 인증하고 지인에게 동참을 권유하는 단계를 넘어 '영혼 보내기', '크라우드 펀딩' 등 다양한 형태로 진화하고 있다.

당신의 신념과 가치를 후원하는 '해시태그 응원'

2019년 7월 이후 일본 제품 불매운동이 계속되고 있다. 한국 대법원의 강제징용 배상 판결에 대한 일본의 보복성 수출 규제로 한일 관계는 최악으로 치달았다. 일본 정부의 비이성적 조치에 국민들은 일본 제품 불매운동으로 맞섰다. '가지 않습니다. 사지 않습니다'를 내건 불매운동은 2019년 하반기 내내 이어졌다.

특히 SNS에서는 '#독립운동은_못했어도_불매운동은_한다'는 신념을 내세우며 폭력적 퍼포먼스 대신 '유쾌한 놀이'처럼 생활 속 반일 실천이 진행됐다. 일본 여행 안 가기, 일본 제품 대신 국산 제품 소비하기, 일본식 용어 순화하기 등의 문화적 자정 노력이 이어졌다. 그로 인해 일본 여행객이 감소하고 일부 항공 노선이 폐지되거나 축소되는가 하면 '유니클로', '무인양품' 등 일본 브랜드의 매출이 급감했다. 일부 매장은 판매 실적 부진을 이유로 영업을 종료하기도 했다.

김태호 PD가 기획한 MBC 예능 프로그램 '같이 펀딩'은 사회적 의미가 있는 다양한 가치를 시청자와 함께 실현한다는 취지하에 시청자의 참여와 모금으로 진행된 프로젝트였다. 태극기의 의미와 역사, 태극기와 관련한 독립운동가의 이야기가 함께 전달되어 시청자에게 '진심'이 통하였고 4,110%라는 펀딩 달성률을 기록했다.

일본군 위안부 피해자이자 평화운동가 고故 김복동 할머니의 삶을 그린 영화 '김복동'이 개봉하면서 '영혼 보내기(실제 영화는 보지 않고 좌석 예매만 하는 것)' 운동에 본격적으로 불이 붙었다. 일본의 경제보복 상황과 맞물려 이 영화가 주목받으면서 영화를 응원하려는 관객들의 움직임이 이어졌다. SNS에서는 일본 불매 움직임과 맞물려 '독립운동은 못했지만 영화 김복동은 본다'는 해시태그도 확산되었다. 앞선 일본 불매운동 국면에서 나왔던 '독립운동은 못했지만 불매운동은 한다'는 슬로건에서 따온 것이었다.

2020년 코로나19 사태에도 이와 같은 움직임은 계속되고 있다. '#힘내요_질병관리본부', '#고맙습니다', '#힘내요_보건복지부' 등 감사와 응원의 해시태그들이 많다. 특히 코로나19의 지역 감염 확산으로 어려움을 겪고 있는 대구와 경북 지역 주민을 응원하는 '#힘내라' 온라인 캠페인이 가장 활발하다. 포털사이트나 기사 댓글에서 일부 지역감정을 조장하는 글로 대구와 경북 주민이 마음의 상처까지 받은 상황에, 누리꾼들이 온라인상에서 해시태그 운동을 통해 위로와 격려를 전한 것이다. 해시태그에는 '함께 힘을 모으면 이겨낼 수 있다', '어렵고 힘들 때일수록 격려와 위로를 해야 할 때'란 글 등을 함께 볼 수 있다.

"플렉스 해버렸지 뭐야!": '가치 있음'에 집중한 소비

TV보다 스마트폰을, 텍스트보다 이미지나 동영상 콘텐츠를 선호하는 Z세대들은 특정 유튜버나 크리에이터를 통해 관심사를 공유하고 콘텐츠를 생산하는 데 익숙하다. 문화의 소비자이자 생산자 역할을 함께 수행하고 있는 Z세대의 소비문화 앞에서 1가지 마케팅이나 판매 유도 접근법은 통하지 않는다. 그들은 디지털 노이즈를 신경 쓰지 않는다.

자유와 선택, 현실 인식이 하나로 이어지는 유튜브에서는 '팬덤'이 쉽게 만들어진다. 다시 말하자면 내 취향에 맞게 내가 '자유롭게' 선택한 유튜브 동영상으로 세계를 배웠으니, 그 세계는 옳고 진실하다는 믿음은 단단하고 확고할 수밖에 없다. 그래서 선한 영향력을 가지고 있는 인플루언서들은 따로 광고를 하지 않아도 그들의 '가치 있음'이 느껴지면 '자발적인 소비'가 이루어진다.

2019년 여름, 양파 값이 40% 이상 폭락하면서 농민들은 애써 기른 양파를 자기 손으로 폐기해야 했다. 정부는 농가의 어려움을 호소하며 소비자들이 양파를 많이 소비해줄 것을 당부했다. 그러나 정작 소비자들이 '양파를 먹어야겠다'고 생각하게 된 계기는 정부의 권유가 아니었다. 양파 농가를 응원한다는 취지로 양파 손질과 활용 레시피 영상을 올린 외식 사업가 백종원이었다. 양파 파동 당시 백종원이 공개한 5편의 양파 영상은 1,370만 회가 넘게 재생되었고, 그 영상을 보고 양파를 구매했다는 '간증'과 양파 농가의 감사 댓글 및 응원이 줄을 이었다. 실제로 백종원이 영상을 올린 이후 양파 가격은 소폭 상승했고, 시장에서 유통되는 양파의 물량도 늘어났다. '인플루언서' 백종원은 자신의 파급력을 선하게 사용했고, 결과적으로 고객들의 마음을 움직인 것이다.

코로나19로 힘들어하는 지역 생산자를 돕는 착한 소비도 있다. 농가 돕기 캠페인의 대표주자는 최문순 강원도지사의 감자 판매다. 최 도지사는 코로나19로 인한 개학 연기로 감자를 납품할 수 없게 된 농가를 돕기 위해 감자 10kg를 5,000원에 파는 이벤트를 2020년 3월 진행했다. 저렴한 가격에 누리꾼들의 시선이 집중됐고, 한꺼번에 10만 명이 몰려 서버가 일시 다운되기도 했다. 치솟는 인기에 연일 완판 신화를 기록했을 뿐만 아니라, 구매 경쟁이 치열해 '포켓팅(티켓팅+포테이토)'이라는 신조어까지 탄생했다. 이와 같은 움직임은 감자를 시작으로 오징어, 곰취까지 농어촌 살리기에 네티즌들의 응원이 이어지고 있다.

"OO님을 저격합니다.": 페르소나로 드러내는 나의 신념

자신이 응원하는 인플루언서에게는 내가 원하는 페르소나로 역할하길 바라며 엄격한 도덕적, 사회적 잣대를 내세운다. '임블리' 사태는 인플루언서가 갖는 긍정적 혹은 부정적 파급력을 적나라하게 보여준 사례다. 80만 명의 SNS 팔로어를 보유하며 스타 인플루언서로 승승장구하던 임블리의 앞길에 빨간불이 켜진 건 고객 불만에 대한 부적절한 대처 직후였다. 고객의 항의에 미온적, 방어적으로 응대하다 여론의 집중포화를 맞게 된 것이다. 팬이 안티로 돌아서면 그 누구보다 무섭다는 말처럼 임블리를 믿었던 수많은 고객의 배신감은 그녀를 부건에프엔씨 상무직에서 내려오게 만들었다. 그럼에도 불구하고 임블리 사태는 회사 전체의 위기로 여전히 진행형이다.

라이브 방송 BJ이자 320만 유튜브 구독자를 보유한 '보겸'은 한 대기업 광고모델로 기용됐다. 하지만 과거 여성혐오적 발언 논란과 데이트 폭력 문제 등 부적절한 언행이 도마 위에 올랐다. 보겸이 직접 유튜브 계정을 통해 해명하고 사과문도 올렸지만 부정적 여론은 좀처럼 수그러들지 않았다. 온라인상에서 첨예하게 대립하는 젠더 이슈와 얽혔기에 비판의 목소리가 더욱 컸다. 계속되는 소비자들의 문제 제기에 보겸이 출연한 광고는 하루 만에 '폐기 처분'당했다.

또한 콘텐츠마다 일명 '사이다 발언'으로 주목을 받은 '유튜브'도 말이 부메랑이 되어 돌아온 케이스다. 과거 천안함과 세월호 참사 비하, 한의사 비방 등 온라인 커뮤니티와 유튜브에서 한 발언이 회자되면서 인성 문제가 불거졌다. 유튜브는 영상을 통해 자신의 과거 언행을 사과했지만, 결국 유튜브 측의 계정 정지 처분을 받았고 공들여 만들어진 60만 구독자 채널은 완전히 사라졌다. 두터운 팬층이 형성된 만큼 실망스러운 모습을 보이면 비난받는 건 어쩌면 당연한 현상이다. 영향력을 주는 위치에 선 만큼 책임감 있는 자세가 필요하다.

점점 커지는 인플루언서들의 영향력을 이용하여 '착한 마케팅'을 시도하는 기업들도 있다. 스토리게임 플랫폼 기업인 컴투스는 '서머너즈 워' 유저들이 참여하는 글로벌 인플루언서 실

▲▶ '이건 무조건 먹어야 돼'라며 민트초코 제품에 대한 자발적 홍보가 이루어지고 있다. (출처: 서브웨이, 설빙 페이스북)

시간 스트리밍 기부 이벤트를 2020년 3월 6~8일 자정까지 4일간 전 세계를 대상으로 진행했다. 한국을 비롯해 태국 · 베트남 · 일본 · 미국 · 캐나다 · 브라질 · 콜롬비아 · 독일 · 프랑스 · 스웨덴 등 아시아 · 북남미 · 유럽 총 18개 지역의 54인 인플루언서들이 각자의 온라인 채널을 통해 라이브 방송을 실시했으며, 도전 목표인 100시간을 훌쩍 넘은 약 130시간(전체 스트리밍 누적 합계)을 기록했다. 실시간 릴레이 스트리밍 이벤트와 함께 진행한 소셜 포인트 '하트' 쌓기 이벤트도 전 세계 유저들의 적극적인 참여 속에 누적 하트 목표 개수인 1억개 달성을 성공해, 그들이 조성한 기금으로 국제구호개발 NGO 세이브더칠드런 코리아에 신생아 보호 용품 총 3,000개를 기부하였다. 내가 응원하는 페르소나가 하는 '좋은 일'은 '함께하겠다'는 응원의 결과다.

인플루언서들을 통해 중소기업의 유통을 돕는 사례도 나오고 있다. 단순히 광고를 하기 위해 크리에이터를 채용하는 것이 아니라, 소상공인이나 중소기업의 유통 판로를 위해 크리에이터들과 손잡는 것이다. 위메프가 대댕커플, 엔조이커플, 홍사운드, 소프, 애주가TV참PD, 쯔양 등과 라이브 방송을 진행하며 소상공인협동조합에서 엄선한 상품을 홍보한 것이 그 예다. 새로운 형식의 판로를 개척하고 소상공인 제품들의 인지도를 높이기 위한 방안으로 인플루언서들의 좋은 영향력을 활용하는 것이다.

놀이는 경계가 없다: 챌린지 열전

최근 온오프라인을 넘나들며 '민트초코 열전'이 펼쳐지고 있다. 온라인 커뮤니티나 SNS에서 민트초코 특유의 맛에 대한 호불호를 두고 논쟁하는 것을 즐기는 하나의 밈이 탄생하면서 민트초코의 인기가 급상승하고 있다. 호불호 대결, 먹방 등 다양한 콘텐츠를 경쟁적으로 업로드하며, 민트 마니아는 물론 민트를 즐기지 않는 사람들까지 누구나 '민트초코' 자체를 즐기는 '놀이문화'가 형성되어 소비자들의 주목을 받고 있다.

특히 민트초코 제품에 대해 강력한 지지를 보내고 있는 팬덤 '민초단'이 팬슈머(Fansumer, '팬'과 '소비자'를 결합한 신조어)를 자처하고 나서는 등 오프라인까지 영향력이 확대되면서, 업계에서는 쿠키, 빙수, 도넛, 음료 등 다양한 제품에 민트초코 버전을 잇달아 선보이며 새로운 유통 형태가 생겨나고 있다.

페르소나: '또 다른 나'를 응원하다

직장에서의 '나'와 퇴근 후의 '나'뿐만 아니라 각각의 SNS에서 가면을 쓰듯 상황에 따라 다른 정체성으로 소통하는 MZ세대는, 취향의 정체성을 중요시하고 '나'와 '또 다른 나'를 표현할 수 있는 브랜드를 선호한다. 이에 맞추어 다양한 1인 미디어 마케팅이 늘어나고 있다. 1인 미디어 마케팅 전성시대에 인플루언서는 고객의 페르소나이자 브랜드 페르소나다.

인기 유튜버들이 크라우드 펀딩 플랫폼을 활용하는 사례도 늘어나고 있다. 기존 구독자를 기반으로 이미 충성도 높은 고객군을 확보하고 있는 유튜버의 특성상 초기 자금 확보에 유리하기 때문이다. 커뮤니케이션 측면에서도 활발한 소통을 펼치며 실제 펀딩에서도 좋은 결과로 이어지는 상황이다. 각 분야별 유튜버들의 콘텐츠 경쟁력, 스토리텔링과 공감능력 등이 주효한 것으로 풀이된다. 에너지 음료 '빡포션'은 148만 구독자를 확보한 건

▲ 이승인과 컬래버 한 라카이 스니커즈(출처: 라카이 블로그)(왼쪽), ▶ 총몇명과 컬래버
한 모두의 마블(출처: 모마TV 유튜브 채널)(오른쪽)

강분야 1위 유튜버 '김계란(빡빡이 아저씨)'의 활약으로 크라우드 펀
딩을 통해 2억 원이 넘는 자금을 모집했다. 47만 구독자를 보유
한 여행 전문 유튜버 '청춘여락'도 2020년 2월, 웹드라마 '인도행
티켓' 제작 관련 프로젝트를 선보여 5,000만 원 이상 자금을 모
집했다. 춤추는 바이올리니스트 '제니윤(구독자 81만 명)'도 크라우
드 펀딩을 통해 공연 펀딩을 선보였다. 특수분장 유튜버 '퓨어디
(구독자 42만 명)'도 특수 분장사 노하우를 살린 클렌징 제품을 출시
해 1,100만 원을 모았다.

　　일반 커머스와 달리 크라우드 펀딩에서는 단순한 제품 소
개가 아닌 스토리를 풀어내는 능력이 펀딩 결과에 큰 영향을 미
치기 때문에 유튜버들에게는 최적화 된 채널이다.

브랜드 페르소나로서의 1인 미디어

TV 광고 속 예쁘고 멋지기만 한 톱스타들과는 달리 유튜버들은 사적인 장소에서 편안한 말투로 소통하는 모습으로 친근하게 다가온다. 그리고 제품을 직접 사용하는 모습을 보여주며 솔직한 후기로 신뢰감을 준다. 제품 후기에서 유튜버에게 영업당해(?) 구매했다는 글을 심심치 않게 볼 수 있다. 이처럼 인기 유튜버들은 톱스타 못지않게 큰 영향력을 지니고 있으면서도 특유의 친근함으로 소비자들로부터 높은 신뢰를 얻고 있다. 이에 많은 화장품, 패션 업계에서 인기 유튜버들을 모델로 기용하거나 함께 컬래버레이션하여 제품을 출시하는 등 인플루언서들을 마케팅에 적극 활용하고 있다.

일상, 패션, 뷰티 등을 주제로 한 유튜버 겸 인플루언서인 이승인은 언니 같은 진솔함과 친구 같은 편안함으로 45만 명의 구독자를 사로잡고있다. 이승인은 '스니커즈'와 '티셔츠' 판매를 연달아 성공시키며 핵인싸의 영향력을 입증했다. 개성 있는 캐릭터를 그려 다양한 스토리 영상을 제작하는 인기 유튜버로 181만 명 구독자를 보유하고 있는 '총몇명'은 모바일 캐주얼 보드게임 '모두의 마블'과 컬래버 영상을 제작했다.

댄스 신동으로 화제를 모은 뒤 다양한 콘텐츠를 생산해내며 키즈 크리에이터로 활동하고 있는 '어썸하은'은 2018년 '네파키즈'와 콘텐츠 크리에이터로서 계약을 체결하고, 자신만의 애슬레저룩을 소개하는 등 네파키즈를 알리는 홍보대사의 역할을 해온 뒤 소비자들에게 좋은 반응을 얻어 2019년부터 네파키즈의 대표 모델로 활동하고 있다.

인터넷이 발달하고 스마트폰이 등장함에 따라 정보의 유통도 모바일로 옮겨가는 추세다. 사람들이 정보를 얻는 주요 채널이 모바일, 특히 유튜브로 이동함에 따라 광고 역시 유튜브에 집중하는 것이 당연하다. 광고뿐만 아니라 유튜버를 통해 브랜디드 콘텐츠를 제작하는 경우도 늘어나고 있다. 유튜버에게 광고를 의뢰해 해당 유튜버가 자신의 콘텐츠를 브랜디드 콘텐츠로 만드는 식이다. 여기서 중요한 건 유튜버의 정체성과 광고의 대상이 잘 맞아떨어져야 한다는 점이다. 연예인이 아닌 유튜브 채널 속 크리에이터들이 더 인지도가 높은 경우가 있어 1인 미디어의 미래는 무궁무진하다.

새로운 관계의 탄생: 채권자 팬덤

MZ세대는 자신들이 키우고, 자신들과 함께 성장한 페르소나를 위한 소비를 일종의 투자라고 생각한다. 하지만 연예인 입장에선 강력한 팬덤이 양날의 칼이 되기도 한다. 팬덤이 마치 스타에게 어떤 지분을 가진 투자자처럼 행세하게 된 것이다. 스타가 자신들에게 빚졌다는 채권자 의식도 생겨났다. 스타가 자신들의 기대에 부응하지 않았을 때 스타를 꾸짖으며 생사여탈권을 행사하려 드는 것이다. 예를 들어, 과거에는 신인 아이돌이 공개연애를 선언할 경우 팬들이 그냥 등을 돌리는 정도였다면 요즘은 윤리적인 차원에서 준엄하게 꾸짖기도 한다. '꿈을 향한 열정', '프로다운 성실한 태도'를 찬미하는 분위기가 강해지면서 이데올로기가 되었고, 그에 비례해 '태만', '나태', '불성실'을 악덕으로 여기는 풍조도 강해졌다. 그래서 젊은남녀가 연애하는 것이 아주 당연함에도 불구하고 '신인이 일에 매진하지 않고 한눈을 파는 것은 악덕'이라며 윤리적으로 심판하기에 이른 것이다.

팬덤이 소위 채권자 행세를 하는 것도 과거와 달라진 점이다. 과거에는 좋아했더라도 현재 좋아하지 않으면 팬 활동을 그만두는 것으로 끝이었다. 하지만 요즘 팬덤은 다르다. 팬이 스타가 안 좋아지면 그를 비난하면서 당연히 받아야 할 것을 못 받은 채권자 행세를 한다. 거기에 다중의 목소리가 커진 인터넷 분위기도 영향을 미쳤다. 과거의 수동적인 대중이 아니라 적극적으로 목소리를 내고 부당한 것을 성토하는, 힘 있는 다중의 시대에 팬덤의 목소리도 커지고 있다.

"여유가 되지 않아 못했던 결혼식을 스몰웨딩으로 치르려고 합니다. 저희 결혼식에 여러분을 초대합니다." 다이어트를 하고 싶지만 집 밖에 잘 나가지 않는 집돌이, 집순이들을 위해 '홈트레이닝' 방법을 알려주는 인기 유튜버 '땅끄부부'가 유튜브 라이브 방송을 통하여 '스몰 웨딩'을 진행했다. 100만 명이 넘는 이들에게 온라인 축하를 받고 누적 조회수 1억 5,000만 회를 앞두고 있다. 이들은 건강한 영상뿐만 아니라 건강한 마인드와 가치관으로 팬덤을 일으켰다.

반면, 인기 연예인 강다니엘은 트와이스 지효와의 열애를 인정한 후 후폭풍을 맞은 사례다. 강다니엘 신곡에 대한 평가도

열애 인정 직전에는 호평 댓글이 많았는데, 이후에는 '연애할 시간에 연습을 더 했어야 하는 것 아닌가?', '쇼케이스가 끝나고 데이트가 아니라, 브이라이브를 했어야지' 등 서운함을 표시하며 아이돌로서 프로다운 모습을 강요하는 댓글로 바뀌었다.

초개인화 사회가 이끄는 다면화된 바이어 페르소나

바이어 페르소나는 각 오디언스별로 콘텐츠 마케팅의 주제, 채널 등을 달리한다. 콘텐츠를 만들 때 내가 하고 싶은 이야기에 집중하지 말고 이야기를 듣는 사람이 무엇을 궁금해하고 무엇에 대해 고민하고 있는지를 잘 이해하여 그들이 듣고 싶어 하는 이야기, 필요로 하는 정보를 콘텐츠로 만들어야 한다. 기존의 바이어 페르소나는 하나의 제품에 초점이 맞추어졌다면, 초개인화된 바이어 페르소나는 '멀티 페르소나'에 맞추어진 다양한 형태의 다중자아, 복합자아, 모듈형 자아가 된다.

페르소나 마케팅의 규모별 특징

100만 명 이상 팔로워: 메가 인플루언서 마케팅
- 최대한 많은 고객층에게 도달하여 제품 인지도를 높이는 데 효율적.
- 고객 여정customer journey상 첫 번째 단계라면 최우선으로 고

려할 것.

- 비교적 넓은 범위의 고객층을 타깃팅할 때 인지도 향상 측면에서 효과적.

100만 명 미만 팔로워: 마이크로 인플루언서 마케팅

- 좀 더 세부적인 분야에 전문화된 것이 마이크로 인플루언서의 특징.
- 진실성과 신뢰성이 높아 다른 마케팅에 비해 최대 10배 높은 콘텐츠 반응을 얻을 수 있음.
- 저렴한 가격으로 파트너십 형성 가능.

500~1만 명 미만 팔로워: 어드버케이트Advocate 마케팅

- 기존 충성 고객이 자연스럽게 바이럴하도록 유도하는 마케팅.
- 이미 브랜드 제품에 대한 애정을 가지고 있기 때문에 콘텐츠 진정성이 높음.
- 전체 구매 고객들에게 신뢰도를 높여 기업의 위기 상황에 가장 큰 도움을 줄 수 있음.

대중에게 미치는 영향력에 따라 인플루언서의 유형도 구분된다. 수십만에서 수백만 명에 이르는 사람에게 영향을 미치는 인플루언서를 '메가 인플루언서', 수만에서 수십만 명에 이르는 팔로워를 확보하고 있는 사람들을 '매크로 인플루언서', 1,000명에서 수천 명에 이르는 사람에게 영향을 끼치는 사람들은 '마이크로 인플루언서'라고 부른다.

국내 메가 인플루언서로는 키즈 크리에이터 '헤이지니', 게임 크리에이터 '대도서관', 뷰티 유튜버 '씬님', '이사배' 등이 있다. 과거에는 메가 인플루언서의 영향력만이 크다고 여겨졌지만, 현재는 매크로 인플루언서나 마이크로 인플루언서를 영입하려는 움직임도 눈에 띈다. 메가 인플루언서에 비해 낮은 예산으로 섭외가 가능하다는 장점도 있지만, 오히려 소비자들에게 '나와 크게 다르지 않은 일반인'이라는 인식을 주면서 특정 타깃층에 강력한 영향력을 행사할 수 있기 때문이다.

대한무역투자진흥공사KOTRA에서 조사한 '인플루언서 마케팅 시장 현황'자료에 따르면 2017년 20억 달러(한화 약 2조 300억 원)에서 2020년 100억 달러(한화 약 10조 6,000억 원)으로 폭발적인 성장을 보이고 있다.

디스럽터: 판을 뒤집은 교란자들

지금까지의 예능에서, 연예인들이 보여줬던 캐릭터들을 생각해보자. 바보, 독설가, 사기꾼 등의 캐릭터들은 모두 현실 속에 존재하는 '그럴싸한' 존재들이었다. 때문에 사람들이 방송을 방송으로 보지 못하고, 예능을 예능으로 보지 못하는 경우가 종종 일어났다. 예능 캐릭터를 실제 연예인의 모습으로 인식하는 것이다. 비호감 캐릭터 연예인에게 비난을 보내기도 하고, 현실의 모습이 방송과 다를 때 실망과 배신감을 느끼기도 한다.

하지만 요즘 판을 뒤집은 콘셉트의 캐릭터들은 가짜인 게 뻔히 드러나 있다. 실망할 일도, 배신감이 들 일도 없다. 모두가 가짜임을 알기 때문에 우리는 '재미'라는 하나의 가치에만 집중할 수 있게 된다.

어떤 게 진짜이고 어떤 게 가짜인지: 유산슬

속는(?) 재미가 트렌드를 형성하는 시대다. 진짜와 가짜의 경계가 허물어지며 '본캐(본래의 캐릭터)'* 보다 인위적으로 만들어진 '부캐(또 다른 캐릭터)'가 더욱 부각되기 시작했다. 알아도 모르는 척하는 것을 넘어 부캐는 어느새 '잘 포장된 진실'이 돼버렸다. 대중은 그것에 몰입하고 환호한다. 애써 그 포장을 벗겨내려 하지도 않는다. 보이는 것이 진실이라고 믿으면 그뿐이다. 안 그래도 복잡한 세상, 살아가기도 힘든데 뭣 하러 탐정 역할까지 자처하는가. 때론 단순함이 삶을 즐겁게 해준다. 부캐는 언제든지 다른 캐릭터로 변신할 수 있어 범용성, 민첩성이 뛰어나다.

MBC '놀면 뭐하니?'의 '뽕 포유' 프로젝트를 통해 트로트 가수로 데뷔한 '유산슬'은 지난 연말 방송연예대상 시상식에서 신인상을 받았다. 데뷔 29년차인 '본캐' 유재석도 하지 못한 일을 '부캐' 유산슬이 해낸 것이다. 트레이닝 과정을 통해 신인 특유의 어설픔을 벗어내고 반짝이 의상이 어울리는 트로트 맨으로 환골탈태한 그의 모습에서 30년차 방송인 유재석은 오버랩되지 않는다.

2018년 Mnet의 '쇼미더머니 777'에 핑크색 복면을 쓰고 등장한 '마미손'은 지난해 11월 첫 정규 앨범을 발매하는 등 활발하게 활동하고 있다. 이제 그가 마미손인지, 매드크라운인지는 중요하지 않다. 그가 시작한 '속이는 사람은 있지만 속는 사람은 없는 놀이'에 모두 동참하고 있고, 그 자체가 하나의 문화 현상이 돼가고 있어서다. 한 사람이 트위터, 페이스북, 인스타그램 등 다양한 SNS를 이용하는 것은 물론 부계정, 뒷계정까지 사용해 각기 다른 상황에 맞춤형 자아를 만들어가고 있는 상황과 맞물려 자연스럽게 받아들이게 된 것이다.

★★★ **별별 키워드: 본캐 VS. 부캐**

'본캐'는 원래 게임 용어다. '본래 캐릭터'의 준말 정도로 그 사람이 주로 구사하는 캐릭터를 일컫는다. 이를 예능적으로 해석하면 '자연인', '본래 그 사람' 정도로 해석할 수 있다. 여기에 '부캐'는 '부속 캐릭터', '부 캐릭터' 정도의 의미로 특정 프로그램이나 설정에서 작동하는 캐릭터를 일컫는다.

완전한 가짜가 만드는 완전한 재미: 가장 성공한 자연인 카피추

"친한 동생 중에 추대엽이라고 있는데 너무 닮았어요." MBC 예능 프로그램 '전지적 참견 시점'에 출연한 카피추는 송은이가 입을 뗄 때마다 움찔했다. 산에서 50년 동안 음악만 하다 내려온 자연인 콘셉트로 나왔는데 본명이 언급되니 당황한 것이다. 2002년 MBC 공채 개그맨으로 데뷔했지만 오랜 무명 생활을 거친 그는 지난해 10월 유병재가 유튜브 채널에서 선보인 '창조의 밤 표절 제로' 영상을 통해 주목받기 시작했다. 누구나 들으면 알 법한 익숙한 노래들을 자유자재로 바꿔 부르는 3부작 영상은 조회수 1,200만 회를 훌쩍 넘어섰다.

방송가에서 러브콜이 쏟아지면서 샌드박스 네트워크와 계약한 카피추는 "유튜브의 파급력이 이 정도일 줄은 상상도 못했다."고 고백했다. 라이브 카페에서 일한 경험을 살려 지난 15년간 '성식이 형(성시경)', '천엽(정엽)' 등 안 해본 음악 코미디가 없을 정도로 다양한 카피를 선보였지만 제대로 통한 적이 없기 때문이다. 그는 "옷도 가방도 다 병재가 사비로 사준 것"이라며 "나한 테 '유느님'은 유재석이 아니라 유병재"라고 말했다. 분명한 콘셉 트의 유무가 캐릭터의 승패를 가른 셈이다.

본업은 직장인이지만, 부캐는 OOO입니다.

이제 우리 삶은 매우 자연스럽게 '멀티 페르소나Multi-Persona'를 향해 가고 있다. '회사 내에서의 나'와 '회사 밖에서의 나'가 다르 고 SNS에서의 모습이 또 다르다. 그것을 인정하고 즐긴다. '일하 는 나'와 '즐기는 나'는 다르다고 생각한다.

    "본업은 직장인이지만, 부캐는 OOO입니다." 풀타임 일자 리는 점점 줄고 있고, 평생직장 개념도 이미 사라진 시대, 직장에 다니면서 부업으로 추가 수입을 버는 다양한 '부캐' 활동, 일명 '사이드 프로젝트'가 유행하고 있다. 1가지 일도 하기 힘든데, 직 장과 삶을 완전히 구분하는 삶이 피곤하지는 않을까. 하지만 부 캐 활동을 하는 20대들은 새로운 상황이 주는 그 나름대로의 재 미가 있다고 입을 모은다.

    펜싱을 하는 H는 "검을 휘두르면서 성격을 다스릴 수 있다 는 사실을 처음 알게 됐다."면서 "한 번 더 찔러 점수를 얻기 위 해 흥분을 가라앉히는 새로운 모습을 발견할 때는 묘한 쾌감을 느낀다."고 말했다. 메이저리그 팟캐스트를 녹음하는 K는 새로 운 자신의 모습이 직업이 아니기에 피곤하지 않다고 말했다. 그 는 "야구를 너무 좋아해 방송국에서 야구 리서치 팀에서 일했는데 오히려 야구를 보는 일이 괴로웠다."면서 "내가 하고 싶을 때, 하고 싶은 것을 나만의 방식으로 보여주는 것이 피곤할 수는 없다고 생각한다."고 했다. 이들은 모두 입을 모아 '새로운 나'를 찾는 재미가 오히려 더 힘이 된다고 말한다.

내 속엔 내가 너무도 많아

밀레니얼 세대들은 SNS에서도 다양한 정체성을 보인다. 한 사람이 여러 개의 계정을 만들어서 자신의 모습을 이리저리 바꿔가며 운영한다. SNS를 이용할 때 '인스타그램'을 통해 자신의 고급스러운 취향과 안목과 이를 뒷받침할 수 있는 경제력을 과시하고, '트위터'에선 자신의 정치적 견해를 개진한다. '페이스북'은 사회적 관계를 맺고 있는 사람들과 정보를 나눌 때 쓰고, 가족과 연인과의 사적 대화는 '카카오톡'을 이용한다. 이렇게 단수의 개인이 복수의 SNS에서 저마다 다른 얼굴과 목소리를 지닌 복수의 자아로 나타난다.

또한 다양한 나의 정체성을 보여주는 것이 자연스럽다. 나의 모습을 숨기는 것이 아니라 내가 상대에게 보여주고 싶은 모습을 선택적으로 보여주는 것이다. 인스타그램은 하나의 아이디로 여러 개의 계정을 만들어 활동할 수 있기 때문에 공개 계정과 비공개 계정으로 활동하며 계정별로 다른 내용을 게시한다. 그러한 공개 계정을 '린스타(진짜 계정, 리얼 인스타그램real instagram)'라 부르고, 비공개 계정을 '핀스타(가짜 계정, 페이크 인스타그램fake instagram)'*라고 부른다. 두 계정의 팔로워와 팔로잉이 다르고 게시하는 글이 다르다. 일명 '두 계정 간의 온도 차이가 크다'고 표현할 수 있다. 두 계정을 자유롭게 이용하면서 자신의 다양한 모습을 보여준다.

한 인터뷰에서 인스타그램 사용자 K는 "전체 공개 계정에는 특별하게 기념할 일, 많은 사람이 알아도 괜찮은 일상을 올린다. 또한 게시물을 올리는 것보다 덜 부담스러운 스토리 기능을 자주 활용하는 편이다. 비공개 계정에서는 사적이고 일상적인 일을 자주 올리고, 좋아하는 아이돌, 웃긴 글 등을 아무런 부담 없이 올린다. 그리고 비공개 계정에서는 스토리 기능을 잘 사용하지 않고 게시물을 더 많이 사용한다."고 한다. 또한 "친구들에게 별로 알리고 싶지 않은 내용을 게시하고 싶을 때도 있어서 핀스타를 만들게 됐다."고 털어놨다.

갈수록 다층적으로 변화하는 사회를 살아가고 있는 현대인은 필연적으로 복합적인 주체일 수밖에 없으며, 때문에 개인을 하나의 정체성으로 규정할 수 없다는 측면에서 '멀티 페르소나'라는 개념은 지금의 흐름에 꼭 맞는 단어가 아닐까 싶다.

★★★ **별별 키워드: 린스타 VS. 핀스타**
린스타: 이건 아무나 알아도 좋아. 인스타그램의 계정 공개 범위를 전체로 설정해 놓은 경우에 해당함. 남들에게 자유롭게 공개해도 괜찮은 내용을 주로 올리며 자신을 표현한다.
핀스타: 이건 너만 알아줘. 인스타그램의 계정 공개 범위를 비공개로 해놓은 경우. 사용자가 승인한 사람만 그 계정에 게시물을 볼 수 있음. 좀 더 사적인 내용을 담는다.

PART 2

팔딱이는 트
이들이 있었

린드 뒤에는

나!

고정관념을 깨는 콘텐츠로
소비를 자극하다

안성호, 모바일 마케터

'홈플러스 더 클럽 소비 패턴' 인스타그램 담당을 맡고 있는 안성호입니다. 기업의 마케터로서 거창한 이론이 아닌 실무자가 할 수 있는 이야기를 소소하게 해드리려고 합니다.

기업 마케팅이 어려운 게 봉사활동, 소통, 콘텐츠, 마케팅, PR 등의 좋은 단어들도 그 앞에 '기업'이라는 단어가 붙는 순간 비호감이 되어버리기 때문입니다. 콘텐츠를 만드는 건 재미와 감동을 주기 위해서인데 상업적 목적을 가진 브랜드 콘텐츠는 이 점에서 분명히 한계가 있습니다. 그런데 이 한계를 뛰어넘기 위해 기존에 안 하던 걸 해보려고 '선'을 넘는 순간 2가지 난관에 부딪혀요. 먼저 상사에게 까이고요. 그다음에는 고객에게 까입니다. 그렇다고 선 안에서 안전한 콘텐츠만 만드는 것도 정답은 아닐 겁니다.

그러하기에 기업 마케팅은 선을 '넘는' 것이 아니라 선을 '타야' 합니다. 고객이 받아들일 수 있는 한계 내에서 최대한 창작력을 발휘하지만 고객들이 불편하게 느끼지 않는, 그 선을 타는 것이야말로 기업 마케터들이 해야 될 일이라고 생각합니다. 그런 점에서 홈플러스 '소비 패턴' 인스타그램은 기업의 마케팅 콘텐츠로서 그 선을 잘 탄 하나의 사례라고 자부심을 갖고 있습니다.

▶ 돈가스 먹다가 인스타그램 맡게 된 썰

본격적인 내용에 들어가기 전에 '소비 패턴' 인스타그램이 어떻게 만들어졌는지와 제가 어떻게 담당자가 되었는지부터 말씀드릴게요. 저는 홍보대행사에서 디지털 AE로 1년 근무하다가 2018년에 홈플러스 입사해 데이터 마케팅 업무를 하고 있던 신입사원이었는데요. 제가 입사한 시기 홈플러스에는 일종의 변화가 있었습니다.

홈플러스는 2018년 여름 '홈플러스 스페셜'이라는 창고형 마트를 론칭했어요. 시장 상황을 보면, 이마트와 홈플러스 같은 '대형 마트'가 역성장하는 데 비해 이마트 트레이더스나 코스트코 등의 '창고형 마트'는 계속 성장하는 추세였거든요. '홈플러스 스페셜'이 자리 잡으니 온라인몰이 필요했는데, 단순히 오프라인 매장에 종속된 것이 아니라 독립적인 힘을 가진 온라인몰을 만들라는 회사의 요구가 있었어요. 그렇게 해서 나온 것이 '홈플러

"기업 마케팅은
선을 '넘는' 것이 아니라
선을 '타야' 합니다."

스 더 클럽' 앱이에요. '홈플러스 스페셜 매장을 기반으로 한 온라인 쇼핑 독립 브랜드'라고 할 수 있겠습니다. '더 클럽'은 유통 용어로 대용량 상품을 '클럽 상품'이라고 하는 데서 착안한 이름이었어요.

'더 클럽'의 특징은 신선 식품을 취급한다는 점과 당일 배송이 된다는 점이에요. 경쟁사에서는 대용량의 식료품은 팔아도 신선 식품은 취급하지 않고, 택배 발송만 하거든요. 그래서 '신선식품부터 대용량 직수입 상품까지 올인원 마트 쇼핑이 당일 배송된다'는 걸 무기로, 2030 고객들에게 더 클럽의 존재감을 심어야 된다는 마케팅 목표가 홈플러스에 생기게 됩니다. 고객이 일상에서 사용하는 채널인 SNS, 그중에서도 인스타그램에 집중하자는 것까지 정해졌고요.

기존에도 홈플러스의 공식 인스타그램 계정이 있었어요. '자반고등어 1마리 1,000원', '해동 손질 오징어 5마리 1만 원' 하는 식으로 오프라인 마트 전단지 콘텐츠를 그대로 올리는 곳이었죠. 저희 모바일사업부문 상무님은 '더 클럽'의 인스타그램이 이것과는 완전히 다

른 새로운 것이 되기를 바라셨어요.

어느 날 상무님이 신입사원들을 데리고 나가서 돈가스를 사주시더라고요. 그런데 돈가스가 나오니까 먹기 전에 인스타그램에 올리는 것처럼 각자 사진을 찍어보라고 하셨어요. 저는 당시에 유행하던 '미세먼지 필터'라고 세피아 톤의 감성적인 필터로 돈가스를 찍었어요. 상무님이 제 사진이 마음에 드셨는지 다음 날 저를 부르셔서는 "네가 인스타 맡아!" 하셨습니다. 상무님은 2030 고객의 마음은 그 세대가 가장 잘 알 거라고 생각해 선임보다 신입사원에게 맡기려고 이미 마음먹으셨더라고요. 그나저나 돈가스 먹으러 가자고 해놓고 치과 갔던 어릴 적 경험은 있었어도, 돈가스 먹으러 갔다가 직무가 바뀔 줄은 정말 몰랐습니다.

▶ **전권을 위임받아 1개월 만에 세팅 완료**

상무님은 저에게 인스타그램 운영을 위한 프로세스의 전권을 줄 테니 팀장과 본부장 결재를 안 받아도 된다고 말씀하셨어요. 이게 좋게 말하면 전권 위임이었지만 실무자 입장에서 보자면 '독박 마케팅'을 하게 된 겁니다.

보통은 SNS 하나를 팀 단위로 운영하는데, 저는 혼자 이걸 다 맡은 거예요. 심지어 시간도 별로 없었어요. 2019년 7월에 론칭하기 전까지 1개월이라는 시간이 주어졌어요.

우선 프로세스를 마련했습니다. 먼저 인스타그램을 어떤 원칙과 목표를 갖고 할 것인가를 정했는데요. 이에 대해서는 뒤에 자세히 말씀드리도록 하겠습니다. 그다음 원칙과 목표를 이루기 위해 얼마만큼의 자원이 필요한지 견적을 뽑았고, 이후 협력사 발굴과 선정을 했습니다.

협력사를 정하는 것도 직접 했는데요. 20억 원짜리 TV 광고도 아니고 신규 론칭하는 인스타그램에 달려드는 대행사는 많지 않더라고요. 돈은 안 되고 부담은 크니까요. 그래서 기존처럼 제안요청서(RFP)를 써서 모집한 것이 아니라 우리가 원하는 '톤 앤 매너'를 구현할 수 있는 대행사 10곳 정도를 뽑아 미팅하고 아이디어 제안서를 받았어요. 그 가운데서 가장 마음에 들었던 '소비 패턴' 아이디어를 낸 대행사를 선정했고요.

그런데 이게 끝이 아니었어요. 끊임없는 내부 설득이 필요했습니다. 상무님조차도 처음

에는 갸우뚱하셨어요. 보스 한 분이 OK했다고 끝이 아니었으니까요. 그래도 제가 설득할 수 있었던 건 '원칙과 목표'가 확실했기 때문이었습니다.

저희는 피드백에 대한 반응도 굉장히 빨리 하고 있습니다. SNS에서는 고객들의 반응이 즉각 오기 때문에 그런 것들을 빨리 반영하면서 업그레이드를 해오고 있어요.

▶ **콘텐츠의 힘으로 2개월 만에 2만 팔로워, 좋아요 2,000개**

소비 패턴 인스타그램의 콘텐츠가 어떤 것인지 몇 가지 소개해드릴게요. 인기 있었던 '홈매트' 콘텐츠인데요.

'나는 수컷 모기, 종족 번영을 위해 건강한 암컷을 만나 격렬하게 짝짓기를 하겠다. 300마리의 장구벌레를 낳아 함께 자진모리 장단으로 물장구를 칠 텐데, 어, 뭐지? 갑자기 다리가 말을 안 듣네. 이건 소문으로 듣던 홈매트 냄새. 날개가 내 것이 아닌 것 같다. 거대한 휴지가 다가온다. 인간아, 나는 비건이야. 비건이라고.'

수컷 모기는 사람의 피를 빨지 않는 걸 가

지고 재밌게 쓴 거예요. 밑에다가 '홈매트는 암수 정답게 싹 잡아드려'라고 썼고요. 또 유명했던 건 '수능 응원' 콘텐츠였는데요. '순응이 곧 끝납니다. 모든 순응으로부터 해방될 것입니다'라고 '수능' 대신 '순응'을 써서 언어유희를 했어요.

인스타그램 이미지도 보시면, 패턴 이미지예요. 저희는 창고형 마트가 고객에게 줄 수 있는 게 '소비 패턴의 변화'라고 생각해 단순한 이미지로 만든 거였는데, 그게 여러 개 쌓여 같이 있으니까 아주 근사한 현대미술처럼 됐어요. 한눈에 확 들어오죠.

거기다가 때로는 유머러스하게, 때로는 감동적으로, 때로는 시의성 있는 콘텐츠들을 발굴해 재미있게 스토리텔링을 하니까 인터렉션이 좋았어요. '비비고' 콘텐츠의 경우 론칭 후 2개월이 채 안 됐을 때 올린 거였는데 이 글에 '좋아요'가 2,000개가 넘게 달렸습니다. 비비고등학교에 단호박죽, 야채죽, 쇠고기죽들이 등교하는 이야기를 소설처럼 쓴 거였는데, 유저들이 댓글로 소설 내용에 참여하며 반응이 아주 뜨거웠어요. 이런 식으로 이벤트 없이 콘텐츠 하나만으로 2개월 만에 팔로워

가 2만 명이 되었어요.

새롭게 론칭한 브랜드가 2달 만에 만 자릿수의 팔로워를 만들 수 있었던 건 콘텐츠 자체에 힘이 있었기 때문이라고 생각해요. 홍보 자료 하나 없이 언론에서도 계속 이슈화가 되었고, 자연스럽게 바이럴 마케팅이 많이 되었습니다.

▶ **광고주의 제1 덕목: 원칙과 목표**

이제 저희 인스타그램을 어떻게 운영했는지 말씀드릴게요. 가장 중요한 건 '원칙과 목표'였어요. 원칙과 목표가 정해지면 다른 건 자동으로 따라오거든요. 저는 3가지 원칙을 갖고 인스타그램을 운영했어요. '인스타그램다운 콘텐츠를 만들 것', '일관되고 강력한 콘텐츠를 만들 것', '재미있으나 바르고 건강할 것'.

첫 번째, '인스타그램은 인스타그램다운 콘텐츠를 만들어야 된다'는 건데요. 인스타그램다운 콘텐츠를 만들기 위해서는 유저 입장에서 인스타그램를 왜 하는지 아는 게 중요해요. 그런데 유저 입장이 되는 게 쉽지 않더라고요. 담당자다 보니 콘텐츠 하나를 봐도 이거는 얼마 들었겠다, 이거는 만들기 어려웠겠

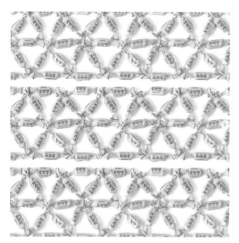

theclub_homeplus "주말에 바빠요?" 눈도 마주치지
않던 그가 처음 건넨 말은 꽤나 저돌적이었다. 오늘
따라 날 쳐다보는 것 같다는 느낌이 착각이 아니었던
것. 그저 같은 타임 알바였던 그와의 사이가 이렇게
변하는 걸까. 그냥 집에 있으려 했다는, 수줍은 나의
대답에 그는 처음 보는 환한 미소를 보였다.
"그럼 대타 좀 해줄래요? 주말에 데이트가 있어서…"
요즘 들어 엿 먹이고 싶은 사람이 많다.

#엿 #많이사세요 #홈플러스더클럽 #홈플러스

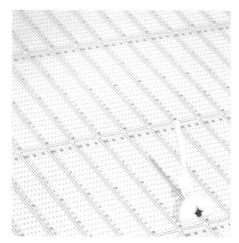

theclub_homeplus 순응이 곧 끝납니다.
12년의 길고 길었던 교육과정이 마무리됩니다. 매일
같은 시간에 등하교하고 점수에 의해 등급으로 줄 세
워지고 싫어도 의무적으로 해야 했던 모든 순응으로
부터 해방될 것입니다. 행복은 성적순이 아니었고 인
생의 가치가 대학 순위로 결정되지 않는다는 것은 먼
저 성인이 된 우리들은 이미 알고 있습니다. (중략) 순
응이 곧 끝납니다. 우리는 당신이 제대로 찍길 바랍니
다. 정답을 찍는 것이 아니라 이 시스템에 마침표를
찍고 새로운 출발을 하길 바랍니다. (하략)

#수능선물 #많이사세요 #수능 #힘내세요 #홈플러스
더클럽

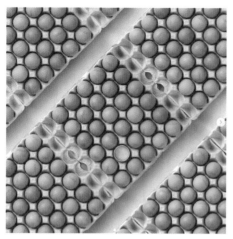

theclub_homeplus [삶은… 계란이다던 그 흔한 농담이]
계란을 삶는 일, 오로지 타이밍입니다.
완벽한 반숙 계란은 끓는 물에 6분을 기다려야 합니다. 6분보다 덜 익히면 노른자가 흐물흐물한데, 그렇다고 기다리다 6분이 넘으면 퍽퍽한 계란이 되고 맙니다.
난 아마도 너무 기다렸나 봅니다. 선을 넘는 무례한 말, 도를 넘는 부담감… 덜 익은 사람처럼 보일까 기다렸더니 내 삶이 퍽퍽해졌습니다.
삶은, 계란이 참말로 맞나 봅니다.

#계란같은당신을위한 #계란세일 #많이사세요 #홈플러스

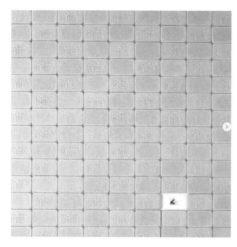

theclub_homeplus 나는 수컷 모기. 종족의 번영을 위해 건강한 암컷을 만나 격렬하게 짝짓기를 할 테다. 삼백마리의 장구벌레를 낳아, 함께 자진모리장단으로 물장구를 칠 테다. 아… 근데 잠깐… 나른함이 몰려온다. 응? 뭐지… 갑자기 침 다리가 말을 듣지 않는다. 이건 소문으로만 듣던 홈매트 냄새…? 날개가 내 것이 아닌 것 같다… 아아… 거대한 뭉친 휴지가 다가온다… 인간아… 잘못 짚었다 "난 #비건 이라고… 난 #비건 이라고…"
*토막상식
수컷 모기는 피를 빨지 않아요 주식은 과일과 채소의 과즙이랍니다.
홈매트는 암수 서로 정답게 싹 다 잡아드려요 :)

#홈매트 #많이사세요 #더클럽에서는 #많이싸게드려요 #summeriscomind #모기 #모기갤

다, 이런 것만 보이는 거예요.

그래서 거꾸로 제가 왜 인스타그램을 하는지 생각해봤어요. 러프하게 정리해보면 멋진 이미지를 보기 위해서, 남이 어떻게 사는지 궁금해서, 또 원천적으로는 그냥 무료함을 달래고 재미를 얻기 위해서가 이유였어요. 따라서 인스타그램다운 콘텐츠란 이미지가 근사해야 되고, 스토리가 개인적이어야 되고, 거기에 들어가는 소통이 솔직해야 합니다.

즉 푸드스타일리스트가 정갈하게 만든 그런 이미지가 아니라 셀카 같으면서도 근사한 이미지를 만들어야 한다고 생각했고요. 스토리를 이야기 할 때, 대부분의 유통기업들의 시점은, 예를 들자면 우리 한우가 얼마나 고급사료를 먹고 좋은 환경에서 자랐는지 이야기하지만, 인스타그램 유저들은 그런 것을 별로 안 궁금해해요. 소가 뭘 먹었는지보다 내가 뭘 먹었는지가 중요하죠. 그래서 저희는 '내가 뭘 먹었는지'를 스토리에 담았어요. 또 댓글에 대해서는 댓글로 솔직하게 소통하기로 목표를 세웠습니다.

두 번째 원칙은 '팔로우를 부르는 일관되고 강력한 콘셉트를 만들어야 한다'는 겁니다.

저만 하더라도 인스타그램 콘텐츠를 그냥 한 번 보고 넘어가는 때와 그 계정에 들어가 팔로우까지 할 때는 동기가 다르더라고요. 팔로우를 결심하게 한 계정들의 공통점은 그게 무엇이든 특별하고 일관된 주제를 계속해서 올리는 거였어요. 사생활이든 맛집이든 여행이든 이 계정을 팔로우하면 '이러한 콘텐츠들을 계속 볼 수 있겠구나.'라는 믿음이 생겨야 팔로우를 하는 거죠. 일관성은 곧 신뢰성이에요. 그렇기 때문에 콘셉트를 한 가지 정했으면 그에 대한 약속을 지켜야 한다고 생각했습니다.

세 번째 원칙은 '재미있으나 바르고 건강해야 한다'는 건데요. 웃기려다 망한 사례들이 얼마나 많습니까? 부적절한 소재 사용, 혐오적이고 차별적인 언어 사용 등으로요. 중요한 건 온라인에도 시민의식이 있어야 하고, 기업의 계정도 그 시민의식을 준수해야 한다는 점이에요. 그리고 급변하는 아젠다와 가치를 따라가기 위해 노력해야 하고요.

더불어 의미 없이 어정쩡한 패러디는 안 하느니만 못하다는 원칙도 세웠습니다. 2019년에 수도 없이 패러디된 "묻고 더블로 가"라든

> " 저희는 홈플러스 로고를 넣지 않아요.
> 다만 홈플러스에서 파는 상품들을
> 주인공으로 삼았을 뿐이죠.
> 마트의 개인적인 SNS로 보실 수 있도록요. "

가 "OO을 집에 들이십시오. 전적으로 믿으십시오." 같은 경우 너무 많이 나와 재미도 없고 감동도 없었습니다. 이 3가지 원칙을 대행사와 함께 공유하며 지키도록 노력했습니다. 다행히 대행사에서 다양하고 재미있는 소재를 지속적으로 발굴해주고, 개성 있는 글로 잘 팔로우업 해준 덕에 콘텐츠가 흥하지 않았나 싶습니다.

▶ **유저 입장에서 바라보기: 상품의 재해석**

제가 인스타그램을 운영하면서 배우고 느꼈던 점을 한번 정리해봤습니다. 오늘의 핵심 내용인데요. 그 첫 번째는 '유저 입장에서 바라보라'는 겁니다. 기업 입장에서는 인스타그램에 우리 회사의 장점을 올리고, 프로모션, 신제품 정보도 올리고, 멋진 이미지 컷도 올리고…, 그러고 싶습니다. 그런데 유저 입장은 달라요. 우리가 홈플러스가 이마트보다 낫다고 백날 말해도, 고객들이 볼 때는 '그 놈이 그 놈'입니다. 오히려 하나라도 더 팔아보자는 습성이 보이면 바로 차단해버립니다. 그래서 마트의 SNS 계정을 팔로우하는 분들이 어떤 걸 보고 싶어 할까 고민했어요.

이것을 저희는 '상품의 재해석'이라고 생각했습니다. 친구들끼리 만나면 서로 새로 산 물건을 자랑도 하고, 옛날에는 이런 것도 있었어, 이런 얘기들을 하잖아요. 그런 스토리에서 출발하는 콘텐츠를 만들었습니다.

또 고객들 앞에서 잘난 척을 하지 않습니다. 더 싸다, 더 신선하다, 이런 얘기들이 고객들한테 잘 먹히지 않거든요. 철저하게 저희가 우월하다는 얘기를 배제했고, 상업적인 메시지도 담지 않았어요. 저희 계정에는 그 어디에도 홈플러스 로고가 들어가 있지 않아요. 다만 홈플러스에서 파는 상품들을 주인공으로 삼았을 뿐이죠. 고객들이 광고가 아니라 마트의 개인적인 SNS 같은 느낌으로 보실 수 있도록요. 그리고 한 가지 콘셉트로 충실하게 가고 있습니다.

그런데 아까도 말씀드렸다시피 담당자가 유저 입장이 되는 건 어렵습니다. 저는 유저 입장이 되기 위해서 일상에서 몇 가지 노력을 하고 있는데요. 우선 저도 SNS 하는 걸 좋아하기 때문에 SNS를 다양하게 이용해보면서 유저 입장에서 어떤 콘텐츠에 반응하고 어떤 브랜드 계정이 잘하는지 계속 보려고 합니다.

새로운 SNS가 나오면 꼭 가입해보고요.

또 여러 커뮤니티를 '눈팅' 합니다. 클리앙, 누리웹, 디시인사이드, 쭉빵, 여시, 도탁스, 이종격투기, 알럽싸커, 디젤매니아, 그리고 수많은 맘 카페들까지 눈팅 할 곳은 무수해요. 눈팅을 하면서 트렌드도 보지만 커뮤니티의 성향별로 여론이 어떻게 형성되는지를 보는 게 중요해요. 남자가 많은지 여자가 많은지, 나이가 많은지 적은지, 진보적인지 보수적인지에 따라 다 다르거든요. 심지어는 진보적인 커뮤니티 내에서도 그 톤이나 뉘앙스가 조금씩 달라지고요. 이러한 활동들 속에서 선이 어디에 있는가를 찾아내고, 그 선을 잘 타게 만드는 것이 마케터의 일이라고 생각합니다.

▶ 매체에 맞는 콘텐츠 만들기

두 번째 말씀드리고 싶은 건 '매체에 맞는 콘텐츠를 만들자'는 거예요. 저는 TV 광고가 지난 세월 동안 광고의 맹주가 될 수 있었던 건 TV 콘텐츠의 문법과 TV 광고의 문법이 비슷했기 때문이라고 생각해요. TV 콘텐츠에서 잘생기고 예쁜 배우들이 나와서 대사를 하는 것과 유사하게 TV 광고를 합니다. TV 광고가

효과 있었던 이유지요.

그런 반면, 인스타그램에서 유저들이 일상적으로 만드는 콘텐츠의 문법과 기업들이 만드는 광고 콘텐츠의 문법은 매우 다릅니다. 보통 기업들은 전통 매체에서 하던 광고를 그대로 리사이즈resize해서 인스타그램, 페이스북, 유튜브에 욱여넣어 버리죠. 한편으로 유튜브가 다른 SNS보다 더 빨리 성장할 수 있었던 건 기존의 TV 광고와 가장 유사한 매체라 문법이 비슷해서였다고 생각해요.

사용하고자 하는 매체의 문법이 무엇인지 기업의 마케터는 잘 이해해야 합니다. 매체의 문법이 이미지인지 텍스트인지 비디오인지, 사람들이 반응하는 유머 코드는 뭔지, 유저들의 성향은 어떤지 알아야 합니다. 또 그 매체를 언제 사용하는지, 자기 전인지 직장에서 피곤할 때인지 파악해야 하고요. 매체에 나오는 화자들이 누구인지도 생각해야 합니다. 유튜브에서 말하는 화자와 인스타그램에서 말하는 화자의 시점이 다르니까요. 어떤 데는 1인칭인 곳도 있고 어떤 데는 3인칭인 곳도 있어요.

> " 일상 속에서 마케터는
> 마케터인 동시에 고객이기도 하니까,
> 재미와 불편을 느끼는 콘텐츠들을 보고
> 유저의 입장에서 생각하는데 답이 있습니다. "

▶ **제품이 주는 의미가 무엇인가?**

마지막으로 드릴 말씀은 '변화하는 고객을 이해해야 한다'는 것입니다. 아무리 강조해도 지나침이 없을 부분이지요.

인스타그램에서 영화 패러디를 만화로 그린 기업 광고들을 자주 볼 수 있는데요. 이에 대한 유저들의 반응은 '돈 많은 대기업이 너무하네', '모델료 지불하고 모델로 써라' 등등 굉장히 안 좋아요. 예전에는 고객들이 광고를 평가할 때 '재미있는가'만이 기준이었다면, 최근에는 '재미있고 공정하고 올바른가'로 그 잣대가 깊고 다양해졌어요. 과거의 고객들은 가격과 혜택, 품질이 좋은가를 주안점으로 봤지만, 요즘 고객들은 제품이 나에게 주는 의미가 무엇인지를 중요하게 생각하는 거죠. 또 옛날에는 새롭고 유행하는 건지가 중요했다면, 요즘에는 정통성과 신뢰성이 있는지, 얼마나 친숙한 것 인지까지 봅니다.

그리고 예전 고객들은 TV에서 광고가 나오면 그냥 보고 넘기는 수동적인 감상자에 머물렀지만, 요즘 고객은 유튜브 광고를 보고 그 계정에 들어가 댓글에 자기 의견을 남기는 적극적인 참여자이지요.

고객들이 기업 마케팅에 대해 더 깊이 있게 보고 더 까다롭게 보는 건, 과거에는 광고는 광고일 뿐이라고 생각했지만 요즘은 광고도 하나의 엄연한 콘텐츠라고 생각하기 때문일 겁니다. 이러한 고객의 변화에 맞춰 마케터도 끊임없이 변화하려고 노력해야 해요. 두꺼운 책을 보거나 특별한 수업을 듣는다고 해결되는 건 아닐 거예요. 일상 속에서 마케터는 마케터인 동시에 고객이기도 하니까, 재미를 느끼는 콘텐츠, 감동을 느끼는 콘텐츠, 불편하다고 느껴지는 콘텐츠를 유심히 보고 유저의 입장에서 마케팅을 기획하는 데 답이 있을 것입니다. Ⓜ

레트로,
재미를 만나 밀레니얼 문화가 되다

김익규, 대한제분 마케팅팀 팀장

소리소문없이 밀가루만 만들던 곰표가 언젠가부터 여기저기 보이기 시작했습니다. 패딩과 티셔츠, 팝콘, 화장품, 치약까지 곰표 브랜드를 단 제품들이 '인싸템'으로 등극했습니다. 대한제분 마케팅팀 팀장으로서 실무자의 입장에서 대한제분이 왜, 무엇을 위해서 변신을 꾀하게 되었는지, 어떤 마케팅 활동들을 해왔는지, 그리고 앞으로 어떤 방향으로 나아갈 것인지까지 말씀드리도록 하겠습니다.

▶ **위기의식: 2030세대에게는 낯선 곰표 밀가루**

2017년 12월 한국경제TV 기사에 슈퍼주니어 신동 씨의 공항 패션 사진이 실렸어요. 그때 신동 씨의 외투 사이로 곰표의 '표'자가 얼굴을 빼꼼히 내밀고 있었죠. 자세히 보지 않으면 알아채지 못할 정도였지만, 저희 눈에는 한번에 보이더라고요. 4XR이라는 남성의류 쇼핑몰에서 제작 및 판매한 '곰표를 정중앙에 크게 새긴' 맨투맨 티셔츠를 입은 거였어요.

요즘 같은 시대에 도대체 누가 상표권 무단도용을 하나 싶어 황당한 마음이 잠시 들기도 했지만, 그보다는 오히려 '저런 걸 입는

구나' 싶어 신기하고 재미있더라고요. 아마도 그즈음이 대한제분 내부에서 곰표 브랜드 재활성화를 위해 스터디를 시작한 지 3개월 정도 되었을 때쯤이라 그 사진이 허투루 보이지 않아서였을 거예요. 말하자면 곰표 변신의 단초가 된 사진이었죠.

대한제분은 1952년에 설립되고 1955년 특허청에 상표등록을 한, 식품회사 중에서는 열 손가락 안에 드는 오래된 기업입니다. 게다가 역사가 있는 기업들 중에서도 'OO표'를 아직 고수하고 있는 곳은 이제 몇 군데 안 남았어요. 곰표 외에 샘표 간장, 부채표 활명수, 말표 구두약 정도죠. 대체로 브랜드에 '표'가 붙은 기업들은 해방 이후 한 분야의 선도 기업으로 시작해 해당 영역의 대표 브랜드로 성장한 경우가 많죠. 그러니 신뢰할 수 있고 표준이 되고 전문적인 기업으로 인식이 되고 있지만, '표'를 많은 기업에서 포기한 이유는 'OO표'로 브랜드 마케팅을 할 때 제약이 너무나 커서예요.

반면 그동안 대한제분이 곰표 브랜드를 두고 크게 고심하지 않았던 이유는 연간 곰표 밀가루 매출액 약 3,000억 원인데, 그 가운데

▲ 캐나다 매니토바 주 처칠 시 눈밭에 지어진 '곰표 레트로 하우스'(출처: 곰표 홈페이지)

기업 간 거래(B2B)가 2,800억 원으로 거의 대부분을 차지하고, 일반 소비자 대상의 거래(B2C)는 200억 원 정도에 불과해 딱히 브랜드 마케팅이 필요 없었기 때문이에요. 그런데 전문 리서치 기관의 2018년 설문조사에서, 20~39세 소비자를 대상으로 '밀가루 하면 떠오르는 브랜드'를 물었더니 5명 중 1명만이 곰표라고 답했더라고요. 나이 드신 분들은 잘 알지만, 젊은 사람에게는 생소한 브랜드가 된 거죠.

지금까지는 식당, 빵집 등의 기업들이 곰표 밀가루를 선택하니 젊은 사람들이 짜장면이나 빵을 먹으며 곰표 밀가루를 자기도 모르게 소비하고 있었지만, 그들이 가정에서 밀가루를 살 때는 곰표를 선택하지 않아요. 20~30대들이 곰표를 모른다면 이들이 기업을 이끌어갈 때 곰표 밀가루를 계속 찾으리라는 보장이 없는 것이고, 현재 B2B가 많다는 이유로 브랜드 마케팅에 손을 놓고 있다가는 대한제분의 미래가 없을 수도 있겠다는 위기 의식이 들었어요.

▶ **변신의 시작: 북극곰의 고향에 레트로 하우스를 짓다**

2017년 가을에 곰표 브랜드 전략 워크숍을 진행하면서 사람들이 곰표를 어떻게 생각하는지 알아봤더니, '친근하다', '기초가 되는', '오래된', '고지식한', '고집 있는' 등의 연상 이미지가 나오더라고요. 즉, 신뢰를 주고 전통 있고 친근하지만 올드하다는 게 곰표의 이미지였어요.

저희는 곰표를 떠올릴 때 '밀가루로 요리할 때의 즐거움', '음식을 먹을 때의 만족감'이 연상되기를 바랐기에, 곰표의 핵심 정체성Core Identity을 '즐거운 요리 동반자'로 정했습니다. 그때로부터 2년이 지났지만 지금 가고 있는 길이 맞는지 점검하기 위해 한 번씩 그때의 전략분석 결과를 꺼내보곤 합니다.

곰표의 핵심 정체성을 정한 이후 브랜드 커뮤니케이션 활동의 첫 기획은 '레트로'였어요. 회상, 추억이라는 뜻의 '레트로스펙트Retrospect'의 준말인 레트로는 옛날을 그리워하며 복고를 지향하는 건데, 곰표는 사실 뭘 더 보태지 않고 있는 그대로 보여드리는 게 레트로였죠. 다만 그것을 고객에게 어떻게 전달하

고 소통할까를 고민하다가, 밀레니얼 세대에게는 새로움과 재미를, 40대 이상 세대에게는 옛 추억을 떠올릴 수 있는 공간을 만들기로 했어요.

원래는 곰표의 시그니처인 북극곰의 이미지를 극대화하기 위해 캐나다 매니토바 주 처칠 시에 실제 건물을 세우려고 했어요. 거기가 매년 10~11월이면 겨울잠을 자기 위해 북극에서 내려오는 곰을 아주 가까이에서 볼 수 있는 곳이거든요.

하지만 예산 확보도 안 되고 캐나다 정부와 협의도 안 돼 과감하게 포기하고 온라인에만 '곰표 레트로 하우스'라는 가상의 플랫폼을 구축했어요. 랜딩 페이지에 처칠 시 눈밭에 지어진 레트로 하우스 이미지와 '67년 동안 오직 한 길만을 걸어온 대한제분이 고객에게 감사하는 마음으로 준비한 레트로 뮤지엄'이라는 설명을 함께 올렸어요.

곰표 레트로 하우스는 이태원에 있는 '디앤디파트먼트 서울D&Department Seoul'이라는 인기 있는 편집숍에서 힌트를 얻었어요. 온라인에서지만 소비자들이 오프라인의 레트로

복합 편집숍을 실제 방문했을 때처럼 도정 체험, 베이킹 체험부터 레트로를 느낄 수 있는 복고 체험 등 생생하게 체험을 할 수 있도록 기획했어요. 2018년 9월 문을 연 곰표 레트로 하우스는 지상 1층부터 지하 4층의 건물이었고요. 각 층을 대한제분의 역사와 곰표 밀가루의 발자취를 느낄 수 있는 공간, 곰표 굿즈와 컬래버 굿즈를 구입할 수 있는 공간, 재미있는 이벤트에 참여할 수 있는 공간 등으로 각기 다르게 구성했어요.

당시 레트로 하우스에서 판매하던 굿즈들은, 2030 세대와 소통하기 위해 곰표 자체가 가진 레트로 감성을 세련되게 재해석하고 유머 감각을 곁들여 기획한 아이템들이었어요. 메모지, 스티커팩, 연습장, 종이곰 DIY, 에코백 등의 굿즈들은 북극곰과 초록, 하양, 노랑의 곰표 밀가루 디자인이 녹아 있는 것들이었죠. 현재 곰표 레트로 하우스는 리뉴얼되어 '곰표 베이커리 하우스'가 되었습니다.

▶ **티셔츠부터 치약, 화장품, 팝콘까지… 곰표 컬래버 전성시대**

이제 타 기업들과 함께한 컬래버레이션에

대해 말씀드릴게요. 컬래버 작업 역시 레트로 마케팅의 연장선상에 있었습니다. 저희는 우선 신동 씨가 입었던 그 옷, 우리 몰래 티셔츠를 제작한 업체부터 만났어요. 항의하려던 건 아니고 제대로 컬래버레이션을 해보고 싶었거든요. 빅사이즈 옷만 파는 남성옷 패션몰 '4XR'이라는 곳이었는데, 2018년 봄에 처음 컬래버 회의를 시작했고 그해 7월 5가지 디자인의 곰표 티셔츠를 100개씩 제작해 1차, 2차 판매를 했어요. 성황리에 완판을 해서 더 팔고 싶은 마음도 있었지만 레어템으로 남기기 위해 더 이상 만들지는 않았죠. 당시 4XR 페이스북에서 이벤트를 하기도 했고요.

요리 만들듯 티셔츠 만드는 레시피를 재밌게 올리거나 고객들한테 사전 공지 없이 곰표 밀가루 포대에 옷을 담아 배송하는 등의 기발한 장치들도 마련했어요. 곰표 밀가루나 튀김가루 한 봉을 같이 끼워 넣어 배송했고요. 젊은 세대 고객들이 이런 재미에 공감해 SNS에 바이럴 마케팅을 많이 해주셨어요.

이후엔 화장품의 화이트닝 효과가 밀가루의 제품 속성과 잘 맞아떨어진다고도 생각해 2018년 10월에 화장품 브랜드 '스와니코코'와 핸드크림, 선크림, 밀가루 쿠션을 만들었어요. 쿠션의 경우 저희가 곰표 자체 굿즈를 기획할 당시 '하얘져요, 곰표'라고 미리 만들어두었던 문구와 이미지를 사용했고요. 원래 1년만 하고 계약을 종료하려고 했는데, 2019년 '겟잇뷰티' 프로그램에서 쿠션 부문 뷰라벨 1등을 차지하면서 지금까지 판매하고 있어요.

또 CGV 서울 왕십리점 10주년 리뉴얼 기념으로 20kg 밀가루 포대에 담은 '왕곰표 팝콘'을 판매하기도 했어요. 열흘 동안 매일 선착순 100개를 팔았는데, 매진되는 시간이 첫날은 점심 때쯤이었다가 매일 1~2시간씩 빨라지더니 나중에는 아침 7시에 매진됐어요. 인스타그램 등 SNS에서 바이럴 마케팅이 엄청 활발했고요. 고객들이 즐거워하는 모습을 보면서 홍보 효과를 떠나 저 역시 굉장히 흐뭇했던 기억이 납니다. 팝콘의 경우 이후 CU와 손잡고 편의점 PB 상품으로 개발해 현재까지도 판매하고 있습니다. 1봉지 125g에 1,700원이

"이른바 '에지Edge'는
하늘에서 뚝 떨어지는 것이 아니라,
평범하고 상식적인 부분에서 고심하고 고심해
디테일을 완성하는 데서 만들어진다고 생각해요."

라 가성비도 좋고, 지퍼백 형식이라 먹다 남아도 보관하기 좋은 제품이에요.

이외에도 애경의 장수 상품인 '2080 치약'과 컬래버한 '곰표 2080 뉴샤이닝 화이트 치약'을 출시해 세븐일레븐과 온라인에서 판매하고 있어요. '하얗고 깨끗하다'는 점에서 치약과 곰표가 추구하는 아이덴티티가 같아 이루어진 컬래버였죠.

앞서 진행했던 4XR과는 2019년 겨울에 2번째 컬래버로 곰표 패딩과 맨투맨 티셔츠, 후드 티셔츠 등을 만들었어요. SNS에 크게 바이럴되면서 꽤 인기를 얻었습니다.

▶ **컬래버레이션의 기준: 재미, 반전, 에지**

이렇게 여러 기업과 컬래버를 진행했는데, 식품 중에서도 밀가루를 생산하는 업체에서 어디까지 컬래버 작업을 확장할 수 있을 것인가 지금까지도 계속 고민하고 있습니다. 기준과 원칙을 정해놓지 않으면 곰표의 이미지를 여기저기 과도하게 소비할 수도 있으니까요.

저희가 나름 정한 기준은 '즐거운 요리 동반자'라는 핵심 정체성에 맞게 '위트와 재미'가 있어야 하고, 사전공지 없이 포대에 넣어

옷을 배송한 것처럼 '반전'이 있어야 하며, 또 곰표 밀가루의 제품 속성이 컬래버 제품 속에 녹아 있어야 하고, 대한제분과 손잡은 상대 회사에도 뚜렷한 '시너지 효과'가 나야 한다는 것입니다.

컬래버를 하기로 결정했다면 그때부터는 디테일이 중요한데요. 곰표만의 굿즈든 컬래버 굿즈든 작은 곳 하나하나 세심하게 신경을 씁니다. 예를 들어 곰표 메모지 뒷면에는 '유통기한: 다 쓸 때까지'라는 문구를 인쇄해놨어요. 이른바 '에지Edge'는 하늘에서 뚝 떨어질 것 같은 독창적인 아이디어에서 나오는 게 아니라, 평범하고 상식적인 부분에서 고심하고 고심해 디테일을 완성하는 데서 만들어진다고 생각하고, 컬래버 작업 역시 그렇게 하고 있습니다. 그 결과 2018~2019년 2년 동안의 컬래버 작업은 밀레니얼 세대의 감성을 자극해, 곰표의 브랜드 인지도와 호감도를 확실히 상승시켰어요.

▶ **대한민국 NO. 1 컬처 브랜드를 향한 꿈: 팬덤 그리고 클래식**

이제 곰표는 소비자들 특히 젊은 층에게

> "'오래된 옛것을 귀하게 여겨야 한다'는 말을 가슴 깊숙이 넣어두고 있어요. 저희도 처음에는 세상에 없던 새로운 것, 핫한 것만을 찾으려고 했는데, 그런 건 없더라고요."

사랑을 받았던 경험을 바탕으로 '대한민국 NO.1 컬처 브랜드'를 향해 나아가고자 하는 큰 꿈을 꾸고 있습니다. 밀가루라는 제품의 한계를 넘어서 일상 속에서 만지고 즐기고 향유하는 경험을 통해 고객의 생활을 실질적으로 풍요롭게 만들어 주는 '컬처 브랜드'가 되기 위한 활동을 계속해보려고 합니다.

좀 더 구체적으로 말씀드려 볼게요. 곰표에게는 '넘사벽'이 하나 있어요. 북극곰 하면 가장 먼저 어떤 브랜드가 떠오르나요? 아마 대부분의 사람들이 코카콜라를 떠올릴 겁니다. 코카콜라와 어깨를 나란히 할 때까지 갈 수 있을지는 모르겠지만, 고객 로열티를 넘어서 팬덤을 형성하는 데까지는 가보려고 합니다. 그 길 위에서 저와 저희 대한제분 마케팅 팀이 놓치지 않으려는 생각이 있어요. 《센스의 재발견》이라는 일본 작가의 책 속에 있는 내용인데요.

"처음에는 '좀 재미있네' 싶은 정도의 아이디어라도 얼마나 치밀하게 수정하는가에 따라 평범하지 않고 날카롭게 만들 수 있다. 기획이란 아이디어보다 '정밀도'가 훨씬 중요하다. 새로운 것이 퍼지기까지 시간이 걸린다. 참신한 물건을 만들었다면 성공하기까지 상당한 시간이 걸리므로 장기적인 시야를 가질 필요가 있다. '난 센스가 있으니까 분명히 대박 날 것'이라는 마법 같은 이야기는 세상 어디에도 존재하지 않는다.

오래된 것을 사랑스럽게 생각하고 옛 것을 '아름답다'라고 느끼는 감정이 미래로 새로운 것으로 나아가게 만드는 힘에 대항해서 균형을 잡아준다."

독창적이고 핫한 아이디어가 마케터의 머리에서 나와 성공할 수 있는 확률은 0.2%밖에 안 된대요. 그것보다는 '좀 재미있는' 정도의 아이디어를 직원들이 모여 치밀하게 수정해 에지를 만들어가려고 해요. 또한 너무 조급하지 않게 조금 느긋하게 기다려주는 여유를 가지려고 합니다. 씨만 뿌려 놓고 아무것도 안 하면서 마냥 기다리라는 건 아니고요. 거름도 주고 물도 주고 바람과 비를 막아주기도 해야겠지만, 참신한 물건을 만들었다면 장기적인 안목과 여유를 가져야 한다고 생각합니다.

2018년에 CGV 왕십리점에서 왕곰표 팝콘을 팔 때 극장의 젊은 직원에게 '곰표를 아느냐'고 물었더니 모른다고 하더라고요. 두 번째 만났을 때는 '집에 가서 엄마한테 물어봐서 이제 안다'고 하더라고요. 결국 저희처럼 오래된 브랜드는 가만히 있으면 올드해지는 거고, 고객과 계속 커뮤니케이션하면서 브랜드 재해석을 하면 클래식으로 남는 게 아닌가 합니다.

아직 곰표가 클래식이 될지 확신할 수는 없지만, 2년간의 활동으로 올드함에서 힙함으로 약간의 변화를 시작했다는 것은 자신할 수 있습니다. 몇 번의 리서치를 통해서 수치로 확인했으니까요.

'오래된 옛것을 귀하게 여겨야 한다'는 말을 가슴 깊숙이 넣어두고 있어요. 저희도 처음에는 세상에 없던 새로운 것, 핫한 것만을 찾으려고 했는데, 그런 건 없더라고요. 상식적인 것에 디테일을 섞어야 소비자들이 알아주지, 그렇지 않으면 독선적인 낯섦이 되고 말아요. 낯섦과 설렘을 합쳐 '낯설렘'이라고 하던데, 균형감 없이 너무 앞서가기만 하면 그냥 낯섦으로 끝나는 것 같아요. 지금까지 컬처 브랜드를 향해 나아간 것처럼 앞으로도 고객들과 소통하고 즐겁게 일하면서 좋은 결과를 만들어나가겠습니다. Ⓜ

시대를 선도하는 콘텐츠는
어떻게 만들어지나

윤현준, JTBC CP, '슈가맨', '효리네 민박', '크라임씬', '한끼줍쇼' 연출

예능 콘텐츠의 '마이스터'라는 평가를 받고있는 JTBC 윤현준 CP와 함께 레트로와 올드크러시를 중심으로 나눈 대담을 소개합니다.

(이하 Q는 진행자, A는 윤현준)

Ⓐ 저는 1997년에 KBS에 PD로 입사해서 8년차인 2004년에 입봉을 했고, 2011년에 JTBC로 이직했습니다. 최근 제작한 프로그램으로는 '투유 프로젝트―슈가맨'과 '효리네 민박', '캠핑클럽'이 있습니다. 그런데 방금 진행자께서 말씀하신 예능 프로그램에 '마이스터'가 존재할 수 있을까요? 운과 확률로 잘되기도 하고 안 되기도 하는 것 같습니다. 그러니 저는 결코 마이스터는 아닙니다.

▶ **슈가맨과 양준일 신드롬: 우리 사회의 편견을 돌아보는 계기**

Ⓠ '슈가맨3' 2회에 등장한 가수 양준일 씨 이야기를 해보겠습니다. 30년 전에 잠시 활동했다가 사라져 비운의 가수로 남을 뻔했던 그가 요즘 10~20대들에게도 많은 사랑을 받고 있습니다. '양준일 신드롬'을 만드신 분으로서 이런 사회적인 현상을 어떻게 보시나요?

Ⓐ 양준일 신드롬을 제가 만들다니요? 절대 아니고요. 사실 방송을 만들 때 무엇을 노리고 하기는 쉽지 않습니다.

'슈가맨'은 한마디로, 하나든 여러 개든 히트곡을 남기며 한때 잘나갔지만 지금은 가수 활동을 하지 않는 분들을 찾는 프로그램인데요. 아시는 분도 많겠지만 '서칭 포 슈가맨 Searching for Sugar Man'이라는 영화에서 이름과 모티브를 따왔어요. 미국에서 단 2장의 앨범만을 남기고 사라져버린 로드리게즈를 열성 팬들이 찾아내는 다큐멘터리 영화인데요. 양준일 씨 인생과 정말 싱크로율이 높죠.

시대의 편견 같은 것에 밀려 사라졌다가 30년이 다 되어 다시 소환된 양준일 씨를 보면서 시청자들이 미안함을 느꼈던 것 같아요. 옛날에 그분을 보면서 자랐던 사람들은 '우리가 그때는 왜 못 알아봤을까', 젊은 친구들은 '저 시대에 저런 사람이 있었단 말이야?' 하며 사회적 편견에 대한 미안함을 느꼈고, 또 한편으로 그렇다면 지금은 편견이 없는가를 돌아보게 한 것 아닌가 해요. 그래서 양준일 씨 개인에게도 굉장히 좋은 일이지만 사회적으로도 좋은 계기가 되었다고 생각합니다.

Q 양준일 씨 섭외를 결정할 당시, 어느 정도 큰 반향이 있을 거라는 건 예상하셨나요?

A 만약 시즌 2에 나왔다면 지금 같지 않았을 수 있어요. 시즌 2 때만 해도 양준일을 찾아달라는 요구가 크지 않았어요. '온라인 탑골공원'이 뜨면서 젊은 사람들이 양준일 씨에 대해 관심을 가지게 된 것이고, 몇몇 연예인들이 방송에서 그를 언급하면서 조금씩 더 관심이 커졌죠. 양준일 씨가 그랬잖아요. "인생은 타이밍이다." 시즌 1이나 2가 아닌 시즌 3에 소환된 것이야말로 타이밍이 잘 맞았던 것 아니었나 합니다.

Q 좀 더 나아가 옛것이 사랑받는 레트로 문화에 대해 말씀을 나눠볼까 합니다. 저만 해도 레트로로 꾸며진 곳들이 요즘에는 트렌디하게 느껴지거든요. 레트로 문화에 CP님이 접근하는 방식은 어떤 건가요?

A 레트로라고 하면 추억이라고 생각하시잖아요. 경험한 사람에게는 옛날 것, 추억이 맞아요. 그런데 그걸 경험하지 못한 사람들에게는 새로운 거예요. 옛날에 있었던 거라도 자기는 처음 보는 거니까 새로운 겁니다. 물론

10~20대들이 옛날 거라고 다 좋아하는 건 아니에요. 그중 신기하고 재미있고 취향에 맞는 것이어야 좋아하죠. 그러니까 레트로를 그냥 무조건 옛것을 재활용한다고 생각하면 안 되고, 아는 사람에게는 추억, 모르는 사람에게는 새로운 것일 수 있다는 관점으로 접근하면 참 좋은 소재가 됩니다.

▶ '슈가맨'의 성공비결: 공감의 힘

Q 그러면 2015년 '슈가맨 시즌 1'도 레트로 소재에 대한 확신을 가지고 기획하신 건가요? 어떤 결정적인 계기가 있었는지 궁금합니다.

A 창의적인 일을 기획하면서 확신을 갖기는 쉽지 않아요. 그런 사람이 있다면 시간을 앞서가는 사람이고 천재일 거예요. 저 역시 천재가 아니니까 딱 반 발 정도만 앞서갔으면 좋겠다고 생각하죠. '슈가맨'도 마찬가지였어요. 간단하게 기획과정을 말씀드릴게요. 예전부터 함께 일해온 작가가 '슈가맨을 찾아서'라는 제목으로 기획안을 냈는데 지금과는 완전히 다른 내용이었어요. 옛날 가수들을 ENG로 찾아가서 뭐 하며 살고 있는지 찍는 거였

어요. 지금 했으면 괜찮을 기획안이에요. 하지만 당시에는 공감대가 별로 생기지 않을 것 같더라고요. 그런데 노래를 중심에 두고 추억하는 건 괜찮겠다 싶었어요. 유재석 씨에게 MC를 제안했는데, 그분도 음악, 특히 옛날 음악을 좋아해서 흔쾌히 승낙하더라고요. 같이 리스트를 보면서 '오, 이 가수 궁금해, 지금 뭐 할까?' 그랬고요. 그런 궁금증에서 파일럿 프로그램 '슈가맨을 찾아서'가 2회로 제작됐어요.

Q 그럼 파일럿 반응이 좋아 정규방송으로 편성된 건가요? 파일럿 때와 정규방송에서 어떤 차이점이 있는지도 궁금합니다.

A 유재석 씨가 처음 하는 종편 프로그램이었거든요. 거기에 관심을 많이 가져주셔서 종편으로는 나쁘지 않은 시청률이 나왔지만, '유재석이 하는 건데 왜 저래'라며 공감이 안 된다는 반응이 꽤 많았어요. '전혀 모르는 가수인데 자기들끼리만 박수 치고 좋아하네'라고들 하시더라고요. 제작진도, MC도 다들 상처를 받았어요. 개선하든지 다른 걸 하든지 방법은 2가지뿐이고, 회의를 했는데 의견이

극명하게 갈렸어요. 그래도 이대로 버리기는 아까우니 개선을 해보자고 결정했고, 그때 유재석 씨가 방청객을 넣으면 어떻겠냐는 의견을 냈어요.

그래서 방청객에 대한 고민을 계속하다가 공감을 넓히려면 세대별 방청객을 넣는 게 좋겠다고 생각했어요. 아는 사람은 아는 대로, 모르는 사람은 모르는 대로 참여할 수 있도록 말이에요. 그렇게 해서 탄생한 게 '세대별 방청객'과 '색이 다른 불빛'입니다. 노래를 10명이 알든 90명이 알든 그 상태 그대로 보여주고, '이 노래 몰라? 처음 들어? 그럼 들어보니까 어때?' 하는 거지요. '모르는 노래지만 좋네요', '안 들을 것 같아요' 같은 솔직한 반응을 끌어내자고 생각했고, 첫 녹화를 하면서 '아…, 되겠구나' 싶었어요. 저희가 만든 장치는 여러분이 아시는 대로 적중했어요.

공감이라는 건 주입해서 되는 게 아니고, 싫으면 싫은 대로 좋으면 좋은 대로, 알면 아는 대로 모르면 모르는 대로 인정하는 것이 공감의 시작이더라고요. 이러한 공감의 의미에 대해 더 깊이 알게 해준 장치였고, 시즌

"트렌드를 따라가는 순간
트렌드가 아닌 경우가 많아요.
트렌드라는 게 꼭 앞으로만
가는 것도 아니잖아요."

1과 2를 거쳐 시즌 3까지 같은 장치를 사용하고 있습니다.

Q 트렌드를 만들어가는 방송계에 계시는데요. 내가 하는 게 트렌드에 맞는 건지 혹은 뒤떨어지는 건 아닌지 계속 점검하시나요?

A 트렌드를 따라가는 순간 트렌드가 아닌 경우가 많아요. 끊임없이 젊은 사람들을 만나서 요즘 어떤 트렌드가 있는지, 요즘 뭐 하고 노는지 물어보면 뒤처지지 않을까요? 저는 참고만 하면 된다고 봐요. 창작을 하는 사람이 트렌드를 아예 모르면 안 되겠지만, 굳이 트렌드를 못 따라가는 게 아닐까 걱정할 필요는 없다고 생각해요. 트렌드라는 게 꼭 앞으로만 가는 것도 아니잖아요. 지금처럼 과거로도 갔다가 잠깐 멈춰서기도 했다가 그러니까요. 공감이 모이고 '좋아요'가 쌓이면 트렌드가 되는 거니까 트렌드를 굳이 따르지 않아도 트렌드를 선도할 수 있다고 생각하고 일하고 있습니다.

▶ 생각하지 않으면 생각나지 않는다
Q 콘텐츠 제작 프로세스를 이해하기 쉽게 설명해주시겠습니까?

A 한마디로, 중구난방이에요. 창작이라는 게 딱딱 프로세스가 있어서 이거 다음에 이거…, 이렇게 되지가 않아요. 술 먹다 아이디어가 떠오를 수도 있고, 꿈꾸다 아니면 샤워하다 생각날 수도 있어요. 작가가 가지고 온 기획안에서 시작하기도 하고, 어떨 때는 연예인을 먼저 섭외해놓기도 합니다. 그러고는 '이 사람을 데리고 뭘 할까?' 하고 기획을 시작하기도 해요. 김태호 PD의 '놀면 뭐하니?'가 그런 프로그램이죠. 기획을 하고 나면 그 아이디어를 구현할 구성회의를 하고, 준비해서 촬영하고, 그다음에는 예능에서 반 이상을 차지하는 편집을 하게 되고요. 시사를 하면서 고치는 여러 번의 편집 과정을 거치고 최종으로 자막과 음악을 넣어 방송이 나옵니다.

Q 아이디어를 떠올리는 과정이 가장 중요한 것 같은데, CP님만의 아이디어 생산 노하우가 있으면 알려주세요. 메모를 하라든가 그런 꿀팁이 있을까요?

A 말씀하신 대로 메모하는 건 좋은 습관이에요. 뭔가 좋은 생각이 분명 났는데 나중에

> "메모하는 건 좋은 습관이에요.
> 아주 작은 거라도 기록해두세요.
> 그런데 정말 중요한 건
> '생각하지 않으면 생각나지 않는다'예요."

기억이 안 나면 미쳐버리죠. 별것 아닌 아주 작은 거라도 휴대폰 메모장 같은 데 기록해두세요. 그런데 정말 중요한 건 '생각하지 않으면 생각나지 않는다'는 거예요. 많은 사람들이 좋아하는, 천재라고 불리는 나영석, 김태호 PD를 예로 들면, 그들은 머리도 좋고 감도 좋지만 누구보다 열심히 일해요. 계속 뭐 할지, 어떻게 할지 생각한다는 거예요. 생각이 머릿속에 없는데 어떻게 술을 먹다가 좋은 생각이 나겠어요? 그렇다고 스트레스를 받을 만큼 생각에만 집중하라는 얘기는 아니고, 한 번씩 아무 생각 없이 머리를 비우기도 해야겠죠. 다만 어디서든 좋은 생각이 걸리기만 하면 잡겠다고 마음먹으면 아이디어가 더 많이 떠오르는 것 같고요. 누차 말씀드리지만 뾰족한 수는 없어요. 정답이 있으면 얼마나 좋겠습니까? 그래도 방송국이 좋은 건 같이하는 사람이 많다는 거죠. 작가들, 후배 PD들을 비롯해 생각을 많이 하는 사람들이 함께 모여 있으니까, 그 생각들이 모여 좋은 프로그램이 나올 수 있지요.

▶ **지피지기와 균형 감각이 필요하다.**

Q 방금 팀의 중요성에 대해 말씀하셨는데요. CP님이니까 같이 일하는 사람들도 직접 정하실텐데 선정의 기준이 무엇인지, 또 팀워크는 어떻게 만들어 가는지 알려주세요.

A '잘하는 사람'을 뽑습니다. 기획안이나 대본 하나만 쓰는 걸 봐도 내공이 있고 잘하는 친구인지 알 수 있어요. 그런데 사람을 뽑을 때는 자기만의 기준을 갖는 게 좋습니다. 제가 뽑는 기준은 저의 기준일 뿐인 거죠. 어떤 사람은 아무리 일을 잘해도 마음 안 맞는 사람과는 일을 못할 수도 있고요. 또 다른 사람은 성질은 나빠도 일만 잘하면 된다고 생각할 수도 있는 거니까요. 그러니까 사람을 뽑을 때는 자기의 성격이나 태도가 어떤지를 먼저 잘 아는 게 중요해요. 저의 경우는, 착한데 일을 못해 속 터지게 하는 사람보다는 성격이 좀 못됐더라도 일 잘하는 사람이 낫더라고요. 그건 제가 못돼서 얼마든지 못된 걸로 상대해 줄 수 있기 때문에 그런 것 같아요. 리더십 역시 자기 자신을 잘 분석해 자기가 잘할 수 있는 방법으로 이끌면 되지 않나 싶어요. 한 사람이 용장, 지장, 덕장을 동시에 하기는 힘드

니까, 자기 스타일에 맞게 정이 많은 사람이면 정으로 컨트롤을 하고, 돈이 많은 사람이면 돈으로 컨트롤하는 거죠. 물론 능력이 많아 그 능력을 나눠주면서 자기 사람으로 만들면 가장 좋을 거고요. 배울 게 많은 사람 밑에 사람이 많이 모이는 법이니까요.

Q 트렌드를 잘 흡수하고 선도하기 위해서는 Z세대인 1990년대 생을 많이 뽑는 게 좋을까요?

A 글쎄요. 다양한 생각이 나오려면 연령대도 다양한 게 좋지 않을까요? 레트로만 하더라도 1990년대 생은 옛날 것을 보고 '신기하니까 하자'고 할 수 있고, 저 같은 1970년대 생은 '나 옛날에 이런 거 했는데 어떤 것 같냐'고 물어볼 수 있는 거니까요.

Q 아까 '슈가맨' 파일럿 당시 어려움을 이야기해주셨는데, 좋지 않은 피드백이 들어왔을 때나 위기에 봉착했을 때는 어떤 방식으로 돌파하시나요?

A 그럴 땐 균형 감각이 필요해요. 잘 안됐다고 해서 너무 실의에 빠져도 안 되고, 너무 낙

천적으로 '그럴 수도 있지' 하고 넘어가서도 안 됩니다. 그 둘을 잘 섞어 조절하는 게 실패에 부딪혔을 때는 필요해요. 그래야 다음 것을 할 수 있으니까요. '슈가맨' 파일럿 때, 기자들도 회사 사람들도 다 '쟤는 도대체 뭘 한 거야?'라는 눈으로 저를 보는 것 같았어요. 내가 욕심을 너무 많이 부렸나 싶어 매우 의기소침해졌어요.

그럴 때일수록 주저앉기보다는 조금은 용기를 내고 무모해질 필요가 있다고 생각해요. 다 안 될 거라고 얘기해도, '망해도 한번 해볼 테다!' 하는 거죠. 물론 정말 망할 수도 있었겠지만, 도전했기에 이렇게 시즌 3까지 왔잖아요. 그러니까 실패의 순간에는 내가 혹시 너무 한쪽으로 쏠려 있지 않은지 판단해보는 게 도움이 될 거라고 말씀드리고 싶어요.

▶ 유튜브냐 TV냐보다 중요한 건 알맹이

Q 이제 미디어 환경에 대한 질문을 드리겠습니다. 손석희 앵커가 '뉴스룸'을 그만둘 때 "레거시 미디어Legacy Media의 유산인 나는 이제 물러설 때가 됐다."는 말을 했어요. 그만큼 TV보다 뉴미디어를 보는 사람이 많아진 게

사실인데요. 기성 매체에 몸담고 계신 분으로서 어떤 진단을 하고 계신가요?

Ⓐ 처음에는 무섭고 두려웠지만, 지금은 그럴 필요가 없다고 생각해요. 유튜브를 많이 보긴 하지만 그렇다고 TV를 안 보는 건 아니거든요. 예전보다 적게 보긴 하겠지만요. 결국 다 각자의 몫이 있다고 생각합니다. 그렇다고 '나는 TV용 방송만 만들고, 유튜브 콘텐츠는 절대 하지 않겠다'고 생각하지 않아요. 저는 콘텐츠를 만드는 사람이니까 유튜브에 적합한 콘텐츠가 생각나면 도전할 거예요.

다만 유튜브에 적합한 콘텐츠가 있고, 방송에 적합한 콘텐츠가 있다고 생각합니다. 기본적으로 유튜브는 단편이고, TV는 장편이죠. 유튜브가 잘되니 유튜브형 콘텐츠를 TV에 튼다고 다 성공하는 것은 아니라고 생각해요. 만약 그게 잘된다면 유튜브형으로 만들어서가 아니라 콘텐츠 자체가 뛰어나서일 가능성이 높고요. TV는 TV 나름의 시청자들이 있다고 생각합니다. 최근 '미스터트롯' 시청률이 30%를 넘었어요. 예능에서 상상할 수 없던 시청률이죠. 결국은 어떤 것을 만드느냐의 문제고 그 플랫폼까지 고민할 필요는 없다고 생각해요. 중요한 것은 알맹이니까요.

Ⓠ 그래도 뉴미디어 부흥기에 발맞추어 JTBC도 디지털 스튜디오 '룰루랄라'를 만들고, '와썹맨', '워크맨' 등 유튜브 채널도 개설했어요. 혹시 고수익이 발생하고 있나요?

Ⓐ 제가 관여하지는 않아 자세히 모르는데, 인기만큼의 수익은 내지 못했다고 들었어요. 아마 유튜브형 콘텐츠를 방송처럼 만들어서일 거예요. PD도 몇 명씩 투입되는 등 제작인원이 많으니 유튜브 구독료만으로는 타산이 안 맞는 거죠. 유튜브에서 양질의 콘텐츠를 만들면 좋겠지만 거기에 투입되는 비용이 높아지면 결국은 돈을 못 버니, 이것도 잘 생각해봐야 할 문제에요.

Ⓠ 돈 이야기가 나온 김에 질문 드리자면, 방송은 광고가 없으면 제작이 불가능하잖아요? 뉴미디어의 상승세 때문에 광고 수익이 줄어 제작에 어려움이 있지는 않나요? 이에 대한 해결방안이 있을까요?

Ⓐ 예전에 지상파 방송국만 있을 때는 기업

광고를 거의 독과점으로 받으니까 돈을 엄청 벌었죠. 지금은 채널도 많고 광고를 붙일 곳이 많아서 기업들이 자기 제품이 직접적으로 홍보되지 않는 프로그램에는 돈을 쓰려고 하지 않아요. 발 빠른 나영석 PD가 농심을 홍보하는 '라끼남'과 같은 프로그램을 만드는 것도 TV 매체가 광고로 먹고살기 때문에 벌어지는 현상이에요.

'넷플릭스' 같은 OTTOver The Top 서비스도 좋은 대안이 아닐까 싶어요. OTT를 대부분의 사람들은 TV로 보니까요. OTT는 구독료를 받으니까 많은 사람이 가입을 하면 광고 없이도 얼마든지 운영이 돼요. 제가 어떤 프로그램을 만들었는데 그걸 보려고 세계 각국에서 OTT에 가입을 한다고 치면 지금 30~40% 시청률 내는 것보다 훨씬 많은 돈을 벌 수 있는 거죠. 그래서 방송국들도 자기 콘텐츠들을 OTT에 공급하려고 애쓰고 있고, '웨이브WAVVE', '티빙TVING'을 비롯해 우리나라에도 OTT가 계속 생기고 있는 상황이에요. 이럴 때일수록 콘텐츠 만드는 사람과 회사에 강점이 있다고 생각해요. 콘텐츠를 트렌드로 만들 수 있는 역량만 있다면 얼마든지 많은

기회가 있을 테니까요.

Q 하지만 아직은 광고로 먹고사는 시스템 속에 계시니까, 시청률을 높이기 위한 마케팅이 중요하리라 생각되는데요. 어떤 홍보 방법이 있는지 궁금합니다.

A 역시 가장 효율이 높은 건 온라인이죠. 예전에는 버스에 광고도 붙였고, '크라임씬'을 할 때는 범죄현장을 소형으로 만들어 코엑스몰에 전시하기도 했어요. 그런데 사람들이 많이 봤다 해도 몇 명이나 되겠어요? 그리고 광고물을 본 사람들이 TV를 본다는 보장도 없으니 굉장히 소모적인 방법이었죠. 요즘에는 유튜브나 페이스북에 티저를 올리는 등 거의 온라인으로 마케팅합니다. 그런데 뭐니 뭐니 해도 그냥 가장 중요한 것은 첫 방송과 입소문이에요. 첫 방송을 보고 재미있으면 온라인을 타고 입소문이 퍼지거든요. 3회 정도쯤이면 바이럴에 따라 성패가 판가름 납니다.

▶ **성공을 꿈꾼다면 그냥 한번 미쳐봐라**

Q 조금은 뻔하고도 또 어려운 질문을 마지막으로 드리겠습니다. 성공을 꿈꾸고 있는 젊은이들이 어떤 마음가짐으로 살아가야 하는

> **"그냥 한번 미쳐보면 좋겠다는 생각은 들어요.**
> **밤을 새라는게 아니에요.**
> **한번 미쳐보면 성공을 하든지,**
> **실패해도 무언가를 얻든지 둘 중에 하나는 되거든요."**

지 조언 한 마디 부탁드립니다.

Ⓐ 저 역시 매번 성공하는 프로그램을 만들고 싶어 하는 사람 중 하나인데요. 한 번씩은 집에도 못 가고 며칠씩 밤새면서 촬영하고 편집하던 시절이 그리울 때가 있어요. 참 꼰대 같죠? 물론 '라떼 이즈 홀스'가 될까 봐 후배들에게 이런 얘기는 못해요. '우리한테 밤새면서 일하라는 얘기야?'라고 받아들일 테니까요. 절대 그런 뜻은 아니고요.

그냥 한번 미쳐보면 좋겠다는 생각은 들어요. 밤을 새라는 것도 아니고 밥을 먹지 말라는 것도 아니에요. 한번 미쳐보면 성공을 하든지, 실패해도 무언가를 얻든지 둘 중에 하나는 되거든요. 안 될 것 같으니까 '이 정도만 하겠다'고 생각하면 그렇게 살아도 돼요. 꼭 성공해야 되나요? 그냥 행복하게 먹고살면 되죠.

그런데 성공하고 싶다면 이야기가 달라집니다. 어떻게 한번 미쳐보지도 않고 성공을 하겠습니까? 제 경우 KBS에 있을 때 입봉작이 2004년 '꿈의 피라미드'라는 프로그램이었어요. 예능 최초로 젊은이들을 취업시켜주는 서바이벌 프로그램이었죠. 6개월간 22부

작을 했는데, 시청률이 너무 낮았어요. 그게 다 끝난 뒤에 새로운 기획안을 만들어 가져갔더니 상사가 "야, 그렇게 말아먹었으면 2년은 쉬어야지!"라고 할 정도로 완전히 망했던 프로그램이었어요. 그런데 그때 현장에 함께 계셨던 분들은 "너는 그렇게 독하게 하니 뭐라도 하겠다."고 하셨어요. 매주 80~90분짜리 프로그램을 저랑 조연출 단둘이서 했거든요. 지금처럼 컴퓨터 편집도 아니었고, 테이프를 넣었다 뺐다 하면서 편집할 때였으니 거의 집에 안 가고 밤새면서 했죠. 그때 저를 좋게 평가했던 분들이 나중에 제가 하는 작업에 많은 도움을 주셨어요. 그러니까 한번 미쳐보면 뭐라도 얻을 게 있을 겁니다. Ⓜ

B급 콘텐츠 달인이 들려주는
선을 '잘' 넘는 마케팅

김선태, 충주시 주무관

저는 충주시 홍보실에서 근무하고 있는 8급 공무원 김선태 주무관입니다. 국가직이 아니라 충주시 소속의 지방직이고요. 동사무소 공무원과 같은 행정직입니다. 2018년 7월에 충주시청 홍보 담당관으로 발령이 났습니다. 홍보실에서 저는 SNS를 담당해 블로그, 페이스북, 인스타그램을 운영했고 지금은 '충주시 홍보맨'으로 유튜브를 운영하고 있습니다. 홍보 전문가는 아니지만 꽤 척박한 환경에서 어느 정도 성과를 내게 됐습니다. 충주시에서 해온 홍보 일들에 대해 말씀드리겠습니다.

▶ **홍보 무능력자의 3전 3패: 전임자의 공든 탑 무너뜨리기**

2018년 홍보실에서 SNS 업무를 맡게 되었을 때 전 정말 싫었어요. 하필 SNS라니! 왜냐하면 알렉스 퍼거슨Alex Ferguson 감독의 말처럼 'SNS는 인생의 낭비'라고 생각했거든요. 예전에는 SNS에 매일 먹은 것, 여행간 것 자랑하는 친구들을 이해하기 힘들었어요. 게다가 중고등학교 때부터 그림이나 디자인은 제가 아주 싫어하는 영역이었어요. 그러니까 한마디로 홍보 무능력자가 갑자기 아이디어 기

획부터 제작, 업로드까지 혼자 다 맡아 해야 하는 상황에 부딪힌 거죠.

거기다 저 말고 새로 오신 팀장님도 홍보에는 맞는 분이 아니었어요. 충주시 페이스북은 제 전임자가 B급 콘텐츠로 인기를 쌓아놔서 고정 팬이 있을 만큼 인기가 있었는데, 팀장님은 B급 콘텐츠를 매우 싫어하셔서 정보 전달에만 주력하자고 지령을 내리셨죠.

저의 첫 작업은 '한 방에 챙기는 임신출산 지원제도' 포스터였어요. 홍보에 사용할 기본적인 파일도 없어서 충주시 마크를 그림판으로 픽셀 단위로 하나하나 따서 4시간에 걸쳐 만들었어요. 거기다 임신출산 제도에 관해 정리된 자료가 없어 25개 부서에 메일로 협조 요청을 했더니, 보건소 딱 1곳에서만 답장이 왔어요. 그렇게 어렵게 자료조사하고 꼬박 1주일에 걸쳐 포스트를 만들었는데, 페이스북에 달린 댓글이 20개뿐이더라고요.

두 번째 작업인 '영유아 정책 관련 토크 콘서트' 포스트에는 댓글이 더 줄어 3개 달렸고요. 세 번째 업로드한 건 외부에서 보내온 홍보 포스트였어요. 처음에는 '누이 좋고 매부

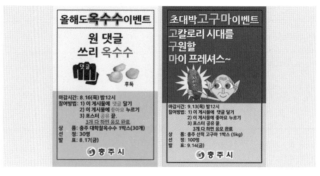

▲ "원 펀치 쓰리 강냉이'를 소재로 한 '원 댓글 쓰리 옥수수' 이벤트 포스트(왼쪽), 반지의 제왕 골룸을 패러디한 '초대박 고구마 이벤트' 포스트(오른쪽)(출처: 충주시 유튜브)

좋은' 일이라고 생각했어요. 보낸 쪽에서는 SNS 홍보 실적을 채울 수 있고, 저도 클릭 몇 번만 하면 되니까 편하잖아요. 그런데 댓글이 딱 2개 달렸습니다. 3연타로 실패하자 마음이 심란해지더라고요. 그나마 제 전임자가 쌓아놓은 인기를 제가 망가뜨린 것 같았거든요. 정보 전달에 그친 포스트 단 3개로 채널이 망해가고 있었어요.

▶ 그래, 결심했어! 무조건 재미있게!

젊은 사람들이 SNS를 하는 이유는 재미를 찾으려는 게 가장 크죠. 하나 더 보탠다면 재미있는 걸 같이 보며 공감하고 소통하려고 하는 거죠. 그래서 결심했어요. 재미있는 걸 만들겠다고요.

그러고는 처음 만든 게 '충주 호수축제' 포스트였어요. 호수축제 사행시, '호날두, 수아레즈, 축신축왕, 제라드', 의미 없는 아무 말 대잔치예요. 이 포스트는 아이디어를 짜는 데부터 완성하는 데까지 2시간 걸렸어요. 여기 달린 댓글 193개를 보면서 어느 방향으로 가야 사람들이 보는지 확신이 섰어요. 그 후에 만든 '옥수수 축제' 포스트에는 댓글이 891개

로 늘었어요. 역시 내용은 간단해요. '원 펀치 쓰리 강냉이', 아이콘의 노래 '사랑을 했다'와 '눈에는 눈 이에는 이'에다, 옥수수라는 말만 대입해 만든 건데 재미있다고 기사가 많이 났어요.

이쯤에서 B급 콘텐츠를 싫어하는 팀장님의 근황이 궁금하시죠? 저 엄청나게 혼났습니다. 보통 관공서 포스트가 올라간 뒤에 지워지는 일은 찾아보기 힘든데, 댓글까지 달린 포스트를 팀장님이 내리라고 하신 적도 있어요. 포스트를 5개 만들면 3개는 탈락이었어요. 그 3개가 바로 제가 원하는 재미있는 포스트였던 게 문제였죠.

하고 싶은 걸 못 하게 하니까 너무 답답해서 한번은 주말에 팀장님 몰래 업로드했는데, 팀장님이 주말에도 보고 계셨더라고요. 월요일에 호되게 혼난 뒤부터는 주말에 올릴 때는 카톡으로 먼저 보고하기로 했어요. 대신 카톡에서 '1'이 사라지기 전에 재빨리 업로드해버렸어요.

▲ "서태지와 아이들의 '난 알아요'를 패러디한 '소태면 밤 축제' 포스트(왼쪽), 궁예를 패러디한 '제35회 수안보 온천제' 포스트(오른쪽)(출처: 충주시 유튜브)

▶ 빵빵 터지는 페이스북 포스트들

그러던 중 최고의 성공작 '고구마 축제' 포스트가 나왔어요. '좋아요' 5,651개, 댓글 8,620개로 지자체와 공공기관에서 전무후무한 기록을 세웠어요. 고구마 삼행시인 '고양시, 구미시, 마포구'나 '고구마 계의 호날두'처럼 역시 의미를 찾으면 안 되는 포스트들이었죠. 그 당시 충주시가 청와대를 제치고 페이스북 정부기관 페이지에서 1위를 이틀 동안 차지했어요. 페이스북 전체를 통틀어서도 주간 인기 게시물에서 2위를 했고요. '도핑 테스트가 시급한 충주시 홍보 담당 공무원'이라는 식의 기사가 많이 났어요.

네티즌들이 알아서 퍼가니까 자동으로 바이럴 마케팅이 되는 상황이 이어졌어요. 수천 개의 댓글과는 비교가 안 되는 효과였어요. 공공기관에서도 돈을 내고 바이럴 마케팅을 하는 경우가 많다는데, 저희는 마케팅 비용 전혀 없이 고구마 축제에 오신 분들 숫자를 2배로 늘리는 성과를 거뒀어요.

'농산물 한마당 축제' 포스트에는 농정 과장님이 출연해주셨어요. 허락 안 받고 올렸다고 생각하는 분들이 많은데 아닙니다. 물론

구체적인 설명은 안 드렸지만 '과장님 사진 재미있게 잘 써보겠습니다.' 하고 두루뭉술하게 말해서 허락받았어요. 옛날에 인기가 있었던 '너굴맨 드립'을 사용해서 '세금 체납자 자동차 번호판 영치' 포스트를 만들었을 때는 행정안전부에서 마음에 든다며 같이 쓰자고 연락이 오기도 했어요.

개중에는 민원이 들어온 포스트도 있었어요. 제가 좀 더 B급으로 나갈 수도 있지만 관공서다 보니 민원에 취약하기 때문에 선을 지키려고 노력하는 데도 그렇더라고요. 동남풍을 불게 한 제갈량을 등장시킨 미세먼지 관련 포스트였는데, 미세먼지가 심각한데 관공서에서 장난 치냐는 민원과 '남동풍'이 표준어인데 관공서에서 비표준어인 '동남풍'을 썼다는 민원이었죠. 저도 남동풍이 표준어인 건 알고 있었지만 소설 속 대사니까 사용했던 것이었는데 말이죠. 그 뒤로 선을 잘 지키기 위해 더 신경 쓰기 했지만 저의 언어유희가 멈추지는 않았습니다.

수안보 온천제 포스트에서는 궁예의 대사를 차용해 '넌 나에게 목욕감을 줬어'라고, '변호사 지원 서비스' 포스트에는 노인과 벼를

그려놓고 '벼노인'이라고, '소태면 밤 축제' 포스트에는 '문화 대통령 서태지, 밤 대통령 소태지'라고 썼어요. 그 외에 비천한 제 그림 실력을 선보인 포스트들도 여럿 있었고요.

페이스북에 업로드한 충주시의 포스트들은 '네이버 뿜'이나 다음 카카오의 '인기 게시글'에 매번 올라갔고, 그때마다 20만 회 이상의 조회수가 나왔어요. 이렇게 충주시 페이스북은 다시 성공 가도를 달렸습니다.

▶ **"유튜브가 대세니 네가 해!"**

성공과 별개로 페이스북에 대한 고민을 계속 하고 있었습니다. 2016~2018년 '스마트폰에서 유튜브, 카카오톡, 네이버, 페이스북에 대한 월 사용시간'을 조사한 결과를 보면, 페이스북이 꼴찌고, 유튜브가 맨 위에 있어요. 유튜브와 페이스북 사용시간 차이는 갈수록 벌어져 2020년에는 10배 이상이 됐어요. 페이스북의 시대가 끝난 거죠.

그래서 충주시는 페이스북 업로드를 중단하기로 결정했어요. 가장 잘나가던 페이스북이었지만 그만둔 거예요. 관공서에서 잘되는 걸 없애는 것은 쉽지 않습니다. 심지어 망한

것도 없애기가 힘든 곳이 관공서인데, 저희는 대세인 유튜브에 집중하기 위해서 과감하게 페이스북을 접었습니다.

그렇다면 유튜브가 왜 대세가 되었을까요? 제가 직접 만들어보고 관리해본 입장에서 그 까닭은 알고리즘에 있다고 봅니다. 페이스북에서 저희 콘텐츠와 유사하거나 제가 봐도 더 재미있게 만드는 후발주자들이 있었지만, 구독자도 늘지 않고 뉴스에도 안 나오는 건 페이스북의 전파속도가 너무 느리기 때문이에요. '좋아요'를 눌러도 지인에게만 전파가 되니까요. 그래서 페이스북에서는 허구한 날 이벤트를 하며 돈 드는 바이럴 마케팅을 해야 하죠. 유튜브에서는 그럴 필요가 없어요. 유튜브가 알아서 가장 필요한 사람에게 홍보해주거든요. 오히려 유튜브의 알고리즘에서는 이벤트를 하면 할수록 손해예요. 그러니 제작자 입장에서 너무 좋은 거죠.

이런 내용을 쉽게 요약해 유튜브를 할 수 있도록 인원 보강을 요청하는 업무보고를 시장님께 드렸더니, 딱 반만 들어주시더라고요. '유튜브가 대세니 너 혼자 해라'라고요. 사회

생활하며 알게 된 1가지가 '총대를 멘 사람이 하게 된다'는 거예요. 당시에 제가 맡았던 일이 블로그, 페이스북, 인스타그램 운영, 홍보 자문위원회, 잡무, 청소, 각종 심부름, 차 타기, 서무 대행, 무거운 짐 나르기, 출장 시 운전, 쓰레기 버리기 등이었는데, 거기에 유튜브까지 혼자서 운영하는 건 불가능해 보였어요.

그냥 폰으로 아무렇게나 찍어서 올리면 되는 것 아니냐고 생각할 수도 있겠지만, 유튜브를 성공적으로 제작하기 위해서는 기획, 대본, 장비, 촬영, 편집, 출연 다 신경을 써야 해요. 게다가 페이스북과 유튜브는 기획의 수준이 달라요. 페이스북 포스트는 제가 아이디어를 짜면 웬만하면 다 실현 가능했어요. 그림판이나 그림으로 그리면 되니까요. 반면에 유튜브는 기획한다고 무조건 되는 게 아니잖아요. 저 말고 찍어주는 사람이 있어야 되고, 출연진도 내가 원하는 사람이 다 나올 수는 없는 것이고. 성패를 좌우할 기획단계에서부터 실현 가능한 것인지 고민해야 되니까 엄두가 안 나더라고요. 그래서 저는 일단 안 하고 버티기로 했습니다.

▶ **충주시 유튜브 구독자 7만 5,000명, 평균 조회수 20만**

그런데 한 달 후에 시장님이 부르셔서 "유튜브 언제부터 시작하는 거야? 바로 해!"라고 하셔서 다음 날부터 바로 시작했어요.

무슨 콘텐츠를 만들까 고민하면서 40개 정도의 지자체 유튜브를 봤더니 '아무도 안 본다'는 뚜렷한 공통점이 있었어요. 모 광역 지자체는 아나운서, 스튜디오, PD, 작가까지 거의 방송국 수준의 시스템을 갖추고 유튜브 영상을 만드는 데 연간 20억 원을 쓴다고 하더라고요. 그들이 찍은 영상 가운데는 조회수가 2회인 것도 있어요. 문화체육관광부 소속기관 국정감사에서 '유튜브에 10억 원을 썼는데 구독자가 달랑 18명인 기관이 있다'는 뉴스 기억하실 거예요. 일맥상통하는 이야기죠. 한편 군 단위 작은 지자체 한 곳은 본인들이 갖고 있는 스폿 영상만 그대로 올리는데 그것도 조회수가 2자리 정도 나와요. 그러면 돈 안 쓰는 지자체가 더 나은 거죠.

저는 '이왕 만드는 거 다르게 만들자!'고 생각했어요. 우리가 보여주고 싶은 것 말고 '사람들이 보고 싶어 하는 걸 만들자'고요. 인력

▲ '시장님이 시켰어요 브이로그'는 2020년 3월 기준 조회수 57만 회를 기록하고 있다.(출처: '충주시 공무원 브이로그: 시장님이 시켰어요' 유튜브)

증원도, 장비 지원도, 당장의 예산 편성도 없는 상황에서 제가 선택한 건 '1인 미디어' 콘셉트였어요. 1인 미디어는 담당자의 영혼까지 탈탈 털어 넣어야 결과가 나오는 시스템이지만 저에게 다른 대안은 없었으니까요. 촬영 장비는 제 휴대폰과 누군가에게 빌린 삼각대였고요. 프로그램은 무료로 다운로드 받은, 지금은 단종된 '윈도우 무비 메이커'였어요.

2019년 4월, 첫 번째로 만든 영상 '충주시 공무원 브이로그: 시장님이 시켰어요'에서 저는 당시 제 생각과 처지를 가감 없이 보여줬어요. '충주시는 살기 좋은 곳이고 시장님은 훌륭해'가 아니라, 담당자가 유튜브를 어쩔 수 없이 하는 모습을 대놓고 찍었죠.

그렇게 시작된 충주시 유튜브는 2020년 현재 구독자가 7만 5,000명을 넘어서서, 전국 지자체 가운데 서울시 다음인 2위인데요. 게시물 하나당 평균 조회수에서는 압도적으로 1위예요. 다른 지자체들이 수천 회에 불과한 데 비해, 충주시는 평균 조회수가 20만 회 정도니까요.

▶ "성공할 줄 알았어요!"

성공의 이유를 감히 말씀드리자면, 먼저 '관공서답지 않게' 정보 전달에 치중하지 않고 재미 위주로 다가갔던 게 비결이었다고 생각해요. 가장 보수적인 공공기관임에도 기업적인 마케팅을 사용했다고 할까요. 그리고 그보다 더 중요한 건 '처음 틀을 깼기' 때문일 거예요. 첫 시도였기 때문에 언론의 주목을 받고, 또 이렇게 돌아다니며 강연까지 하고 있는 거겠죠.

유튜브 영상을 제작하며 제가 가장 염두에 뒀던 것은, 첫째 '목적을 분명히 해야 한다'는 점이었어요. 충주시 유튜브의 목적은 충주 시민들에게 사업을 홍보하는 게 아니라, 전 국민을 대상으로 충주시의 브랜드 인지도를 올리는 거였어요. 이 점을 확실히 하니까 제가 막춤을 추는 영상을 올리더라도 홍보가 되는 거예요. 충주시는 이만큼이나 열린 곳이고, 이런 것까지 결재가 되는 특이하고 재미있는 곳이라는 이미지를 심어주는 거죠.

둘째는 '너무 많은 것을 담으면 안 된다'는 것이었어요. 흔히 관공서 홍보 영상을 보면 한 번에 30가지 주제가 예사로 담겨요. 신성

> " 새로운 시도를 하면
> 당연히 부작용이 생길 수밖에 없어요.
> 하던 대로 하면 아무도 욕 안 해요.
> 새로운 시도를 할 때 욕을 먹는 거죠.

장, 신산업, 바이오, 유통, 교통, 문화 등등….
그래서는 유튜브에서 성공할 수 없어요. 원하는 포인트 1~2개만 넣어야 합니다.

마지막은 두말할 나위 없이 '무조건 재미있게'입니다. 기획을 할 때 저는 주제부터 정해놓고 표현방법을 찾는 대신, 재미있는 소재를 먼저 잡아놓고 거기에 주제를 맞췄어요. 주제는 대체로 고리타분한 것들이라 그걸 재미있게 표현하려면 너무 힘들거든요. 예를 들어 요즘 인기 있는 'A VS. B' 대결구도를 먼저 소재로 두고 어떤 주제가 여기에 맞을까를 거꾸로 접근하면 훨씬 기획이 쉬워져요. 제가 장관이나 도지사를 인터뷰한 게 이렇게 해서 나온 거예요. 정말 어울리지 않을 것 같은 만남에서 사람들은 재미를 느끼더라고요.

그리고 역발상이 중요해요. 축제 홍보만 하더라도 저희는 축제의 단점부터 얘기해요. 안 되는 것들도 그대로 내보내죠. 그래야 사람들에게 진정성을 전달할 수 있다고 생각해요. 솔직히 말씀드려서 저는 성공할 줄 알았습니다. 다른 지자체들이 다 망해 있는 상태라 제가 뭘 하더라도 결과가 그보다 더 나쁠 수는 없으니까요. 그래서 도전을 했던 거예요.

▶ 모난 돌이라 정을 맞더라도 꿋꿋이

여기서 질문을 하나 드릴게요. 왜 아무도 저희처럼 첫 시도를 하지 않았을까요? 생각을 못 한 걸까요? 아닐 거예요. 조회수가 2회밖에 안 나오면 누구라도 뭔가 잘못 굴러가고 있다는 걸 알았을 거예요. 그럼, 기술이 없어서일까요? 저는 제 휴대폰으로 시작했습니다. 그렇다면 용기가 없어서일까요? 물론 결재 받을 때도 용기가 필요했고 직접 출연하려면 더 큰 용기가 필요하긴 합니다. 그렇지만 아무도 시도하지 않았던 가장 큰 이유는 아마도 '잘할 필요가 없어서'였을 겁니다. 공무원이 일을 잘해야 하는 건 맞지만 저처럼 튀면서까지 잘해야 할까요?

저의 경우를 말씀드려보면, 밖에서는 충주시 유튜브가 재미있다고 주목해주고, 98.9%가 '좋아요'를 눌러주십니다. 그렇다면 충주시청 내부에서도 그럴까요? 월급도 안 올랐고, 성과급도 없고, 상을 받은 적도 없습니다. 대신 '적당히 해라', '튀면 너만 손해', '대충하지 그랬냐', '그게 애들 장난이랑 뭐가 다르냐' 등등 여러 가지 말을 듣는데, 가슴 아프게도 '그래서 행정직으로서 네가 한 게 뭐냐'는 말까

> *부작용마저 변화하는 과정으로 받아주는*
> *그런 문화가 생겨야*
> *모든 사람들이 새로운 시도를*
> *마음껏 할 수 있을 거라고 생각합니다.* **"**

지 들었죠. 저에게 행정직 일이 주어진 적이 없으니 억울했습니다. 저는 저에게 맡겨진 일을 '잘'했을 뿐인데 말이죠.

한번은 여성 공무원 리더 과정에서 강연을 할 때, "앞으로 30년간 충주시에서 행정직으로 제가 근무를 하게 될 텐데 지금의 경력이 플러스가 될까요?"라고 질문을 드렸던 적이 있어요. 모두 큰 소리로 "예스!"라고 답하시더라고요. 그럼 "팀장님들이 중요한 부서에 가서 큰일을 맡게 됐을 때 저 같은 사람을 데려가고 싶으시냐?"고 물었거든요. 정말 한 분도 대답을 안 하시고 침묵하시더라고요. 강연 후에 한 분이 절 부르시더니 빨리 다른 부서로 가라고 하시더라고요. 모난 돌이 정 맞는다는 거죠.

가끔 항의 민원이 들어와 크게 좌절할 때도 있습니다. '국내 최초 사과 언박싱–충주 사과를 찾아라'라는 영상이었는데요. 조회수가 당시 20만 회가 넘었고, 이 영상 하나로 구독자가 1만 5,000명 정도 늘었어요. 그런데 사과 영상 때문에 진짜 사과하는 상황이 왔어요. 다른 지역 사과와 비교하는 데서 불편함

을 느끼신 분이 계셨던 거죠. 그렇지만 저는 과연 영상을 내릴 필요까지 있었는지는 잘 모르겠어요. 98.9%가 제가 만든 영상을 좋아하더라도 '싫어요'가 언제나 1% 이상은 나와요. 그 1%의 싫어하는 사람들이 항의한다고 영상을 내릴 문제는 아니라고 생각하고, 지금은 이런 문제에 대한 해결책을 조금씩 만들어가고 있는 중입니다.

아무튼 여러 가지 문제에도 저는 꿋꿋이 열심히 일하고 있는데요. 아직 모든 게 힘들긴 해요. 아이디어 짜기도 힘들고, 여전히 제약이 너무 많고요. 그중에서도 가장 힘든 건 매번 평가받는 거예요. 우리 유튜브를 제일 많이 방문하는 사람은 아마 저일 거예요. 1주일에 한 번씩 업로드를 하면 200번 이상 들어가거든요. 명분은 댓글 관리도 하고 조회수 추이도 보기 위해서라지만, 지금은 제가 과몰입 상태, 즉 좀 취해 있는 것 같아요. 성과가 나면 이틀 정도는 행복했다가 3일째부터는 다음번엔 이걸 넘어설 수 있을까 고민하면서 우울해지고요. 성과가 안 나면 1주일 내내 우울합니다.

유혹도 있어요. 용역업체에서 수시로 연락

이 와요. 충주시 유튜브를 대신 만들어주겠다고요. 그런데 용역업체는 공무원보다 더 보수적이에요. 지시한 과업에서 절대 벗어나지 않거든요. 그러면 저희 유튜브의 색깔이 사라지는 거니까 힘들어도 홀로 해나가고 있습니다.

▶ 개인도 조직을 바꿀 수 있다

부정적인 말씀을 많이 드렸는데요. 그럼에도 도전해야 하는 이유는 '개인도 조직을 바꿀 수 있다'고 생각하기 때문이에요. 주위에서 보기에 저는 동그란 원에 삐죽하게 뿔을 낸 사람입니다. 전체 조직에서 홍보는 아주 작은 분야고 그중에서도 유튜브는 더 작은 부분이지만, 이 조그만 뿔로도 조직의 변화는 시작되었다고 생각합니다.

조직 내에서 새로운 시도에 대해 모두를 이해시키는 건 불가능에 가까울지도 모릅니다. 하지만 시도를 하고, 성과를 내면 다 해결됩니다. 다만 성과가 날 때까지 조직에서도 6개월에서 1년은 기다려줬으면 좋겠어요. 그리고 실패를 좀 더 포용하는 문화가 생기길 바랍니다. 새로운 시도를 하면 당연히 부작용이 생길 수밖에 없어요. 하던 대로 하면 아무

도 욕 안 해요. 새로운 시도를 할 때 욕을 먹는 거죠. 부작용마저 변화하는 과정으로 받아주는 그런 문화가 생겨야 저 같은 돌연변이뿐만 아니라 모든 사람들이 새로운 시도를 마음껏 할 수 있을 거라고 생각합니다. 제가 처음 틀을 깨고 만들었던 유튜브 영상의 조회수가 55만 회가 넘었습니다. 용기를 내고 우리 모두 각자의 조직에서 틀을 한번 깨봅시다. ⓦ

'요즘 사람들'이 열광하는 콘텐츠란?

밤비걸, 유튜브 크리에이터

저는 유튜브 크리에이터 밤비걸이라고 합니다. 2013년 뷰티 크리에이터로 유튜브를 시작해 2017년에 구독자 50만 명을 넘겼고요. 현재는 라이프스타일 크리에이터로 활동하고 있어요.

제가 유튜브를 운영한 경험을 바탕으로 크리에이터에 대한 분석, 그리고 크리에이터의 강점을 살리는 콘텐츠란 어떤 것인지, 또 채널 브랜딩이 중요한 이유와 어떤 콘텐츠를 만들어야 성공하는지에 대해서 이야기를 나눠보도록 할게요.

▶ **크리에이터는 모두 각자의 강점이 있다**

오늘날 세상에는 수많은 분야에 수많은 크리에이터들이 존재해요. 저도 새로운 크리에이터들이 등장할 때마다 관심 있게 보고 있는데요. 크리에이터 각자 각자마다 가지고 있는 특성과 강점이 다 달라요. 1,000명의 크리에이터가 있다면 1,000개의 강점과 특성이 있는 셈이죠. 하지만 1,000개를 하나하나 분석할 수는 없으니 '연예인', '전문가', '일반인'의 3가지 카테고리로 나눠보려고 해요.

'연예인' 특성의 카테고리의 대표적인 예는 '포니'나 '이사배'와 같은 뷰티 크리에이터들이에요. 이들 가운데는 메이크업 아티스트에서 시작한 분들도 있으니 전문가적인 특성도 있긴 하지만, 일반적으로는 뷰티 크리에이터들을 워너비 스타로 삼고 따라 하려는 구독자들이 많기 때문에 연예인적 특성이 가장 강하다고 봤어요. 만약 브랜드에서 이 카테고리의 크리에이터와 광고를 집행하거나 컬래버를 한다면 이런 특성을 잘 이용해야 효과적인 콘텐츠가 나올 거예요.

그다음 '전문가' 카테고리에는 푸드 크리에이터 '아리키친'이나 IT 전문 크리에이터 '테크몽' 등이 있는데요. 이런 분들도 연예인적 특성이 없지 않지만 전문가적인 측면이 가장 강조된 크리에이터들이죠. 그리고 마지막으로 '일반인'의 카테고리에 속한 크리에이터로는 '박막례 할머니'나 '쯔양'이 있을 거예요. 이들의 특징은 친근하고 푸근하다는 점일 테고요. 제가 크게 세 카테고리로 크리에이터를 분석해봤지만, 처음 말씀드린 대로 구체적으로 들어가면 각자의 강점이 모두 다릅니다.

▶ 콘텐츠를 클릭하게 만드는 힘: 브랜딩

5~6년 전만 해도 크리에이터가 지금처럼 많지는 않았어요. 그래서 사용자들에게 노출되기가 훨씬 쉬웠고 구독자를 모으기도 수월했어요. 이제는 크리에이터가 너무 많아서 100만~200만 명의 구독자를 가진 크리에이터들에게 이야기를 들어봐도 조회수가 예전만큼 나오지 않아 먹고 살기 힘들다고들 해요.

그렇다면 너무도 많은 크리에이터들 사이에서 나의 강점을 만드는 법은 무엇일까요? 그 방법을 알기 전에 먼저 사람들이 어떤 콘텐츠를 클릭하는지 생각해보도록 해요. 유튜브에 들어가면 첫 화면에 맞춤 동영상들이 수십 개가 뜨잖아요. 그걸 보고 있노라면 마치 마트의 진열대 같다는 생각이 들어요. 마트에서 물건을 고를 때처럼 영상을 고르는 느낌인 거죠.

마트에 가서 샴푸를 산다고 생각해보세요. 샴푸를 선택하는 기준이 뭘까요? 다양한 이유가 있을 거예요. 익숙한 브랜드거나 용기가 예쁘거나 할인을 하거나 맘에 드는 연예인이 모델이거나 등등 말이죠. 혹은 써봤더니 괜찮았던 거라 살 수도 있고요.

저는 콘텐츠도 똑같다고 생각해요. 사람들이 수많은 콘텐츠들 속에서 어떤 걸 클릭할 때는 썸네일이 관심이 가서일 수도 있고, 제목이 흥미로워서일 수도 있고, 예전에 괜찮다고 생각했던 채널의 콘텐츠라 클릭할 수도 있을 거예요. 이렇게 콘텐츠를 클릭하게 만드는 힘을 브랜딩Branding이라고 할 수 있습니다. 마트의 제품을 소비자가 사게 하는 것과 같은 일이죠.

▶ 채널 브랜딩: 유튜브 채널의 뼈대 올리기

브랜딩이 왜 중요하냐면 유튜브를 보는 사람들에게 '일관된 메시지를 전달'함으로써 '채널 정체성을 확립'해 시청자가 '채널을 발견할 가능성을 향상'시키고 '시청자의 재방문을 유도'할 수 있기 때문이에요.

발견 가능성을 향상시킨다는 의미를 스브스뉴스 채널을 예로 들어 설명해볼게요. 스브스뉴스 콘텐츠의 썸네일에는 항상 스브스뉴스의 로고와 파란 컬러가 들어가 있어요. 그걸 여러 번 봐서 알게 된 시청자는 수십 개 추천 콘텐츠 목록이 떠도 스브스뉴스가 눈에 먼저 보이게 될 거예요.

▲ 스브스 뉴스 유튜브 채널 재생목록(출처: 스브스 뉴스 유튜브)

유튜브 크리에이터들은 메타데이터, 채널 아트, 카드, 썸네일, 채널 아이콘, 예고편, 재생목록, 핵심메시지 등을 다 고려하면서 브랜딩을 합니다. 메타데이터란 동영상의 제목이나 설명, 태그처럼 시청자가 유튜브에서 검색할 때 동영상을 찾는 데 도움을 주는 정보들이에요. 채널 아트는 박막례 할머니의 채널로 설명해볼게요. 채널을 열었을 때 상단에 '한번 보면 끊을 수 없는 마성의 매력, 73세 크리에이터'라고 적혀 있는 부분이 채널 아트예요. 채널의 성격이 단번에 드러나죠? 예고편의 역할도 비슷하다고 볼 수 있어요.

저는 재생목록에 주력하는데요. 제 채널에 들어오면 첫 화면에 리뷰, 패션 등의 재생목록이 바로 주르르 떠요. 이걸 보고 시청자들이 리뷰와 패션을 하는 채널이라는 걸 알 수 있어요. 이런 식으로 브랜딩을 해나가는 겁니다. 브랜딩을 집짓기에 비유한다면 뼈대를 튼튼하게 올리는 과정이라고 할 수 있어요. 시청자들이 보기에는 유튜브 채널들에 콘텐츠가 어지럽게 퍼져 있는 것 같겠지만, 크리에이터들은 각각의 요소들을 다 생각해서 채널의 브랜딩을 하고 있는 거랍니다.

▶ **크리에이터의 고유한 매력: 채널 성장의 키포인트**

그런데 채널 브랜딩이 완벽하게 잘되어 있다고 채널이 성공한다는 보장이 없는 게 유튜브라는 생태계예요. 브랜딩의 뼈대 위에 멋진 집을 완성하는 데 가장 큰 몫을 하는 건 '크리에이터의 고유한 매력'이라고 생각해요. 이것 없이는 채널이 성장할 수가 없어요.

크리에이터 고유한 매력은 결국 콘텐츠에서 나오는 건데요. 콘텐츠 속에 어떻게 매력을 불어넣느냐가 관건입니다. 저도 앞서 말한 채널 브랜딩을 일관성 있게 잘하기 위해 많은 노력을 기울이고 있지만, 구독자를 50만 명 모으며 성공할 수 있었던 이유는 콘텐츠에 있었다고 생각해요. 이제 어떤 콘텐츠를 어떻게 만들어야 성공할 수 있는가에 대해 말씀드릴게요. 브랜드 콘텐츠나 1인 미디어 하시는 분이나 모두에게 적용될 이야기입니다.

▶ **성공하는 콘텐츠 만들기 1: 내가 하고 싶은 콘텐츠가 먼저**

첫 번째로는 '내가 하고 싶은 콘텐츠가 먼저'라고 말씀을 드리고 싶어요. 제가 유튜브

크리에이터를 직업으로 해야 되겠다, 이쯤이면 앞으로도 계속할 수 있겠다고 생각할 때까지 1년의 시간이 걸렸어요. 그 1년 동안 저는 1주일에 2~3개씩 영상을 만들어 올렸어요. 1년을 지속해야 하는데 자신이 하고 싶은 게 아니라면 버틸 수가 없었을 거예요. 정말 하고 싶은 콘텐츠가 아니라면 처음에 히트 콘텐츠가 몇 개 나왔다고 해서 계속할 수 있을까요? 1달 정도는 가능할지 몰라요. 그런데 사람들 반응이 오락가락하면 '현타'가 오면서 힘들어져요. 브랜드 채널이든 개인 채널이든 길게 가져가고 싶다면 자신이 뭘 하고 싶은지에 더 중점을 두길 바랍니다.

그리고 콘텐츠를 1년 정도는 꾸준히 만들어야 해요. 뉴스에 3개월, 6개월 만에 구독자가 수십만, 수백만 됐다고 나오는 건 굉장히 특이한 케이스예요. 제 주변에 있는 톱 크리에이터들 모두 1년 넘은 시간 동안 고난과 인내를 겪으며 그 자리에 올라갔어요. 그러니 조급하고 초조한 마음보다는 자신이 하고 싶은 게 무엇이었는지 점검하며 꿋꿋이 나아가길 추천합니다.

저의 경우는 뷰티 크리에이터로 한창 잘나갈 때 뷰티 크리에이터를 그만뒀어요. 제 채널은 제 인생을 담고 있는데요. 처음 콘텐츠를 만들기 시작한 21살 때는 화장에 관심도 많고 꾸미는 걸 좋아할 때라 뷰티 콘텐츠가 정말 재밌고 좋았어요. 제일 하고 싶었던 콘텐츠였죠. 그런데 나이가 들면서 서른이 가까워지니까 뷰티가 더 이상 저에게 의미가 없어지더라고요. 오히려 집을 어떻게 꾸밀까, 어떤 취미를 가질까, 앞으로 어떤 삶을 살까, 이런 것들이 더 의미 있게 다가왔어요. 그래서 제 채널이 저의 있는 그대로의 모습과 함께 오랫동안 성장하도록 콘텐츠의 방향을 라이프스타일로 바꾼 거예요. 결국 결론은 자기가 하고 싶은 콘텐츠를 해야 한다는 겁니다.

▶ 성공하는 콘텐츠 만들기 2: 주저하지 말고 따라 하기

두 번째로는 '주저하지 말고 잘나가는 유튜버를 따라 하라'는 겁니다. 독자적인 콘텐츠를 만들어야 브랜딩이 될 텐데 따라 하라니 무슨 소리냐고 생각할 수 있는데요. 미리 말씀드린 대로 1년 동안 지속하는 게 중요하기 때문입니다.

예를 들어 장난감 리뷰 콘텐츠를 하고 싶어서 검색해보면 벌써 하고 있는 사람이 많아요. 그럼 포기할까요? 아마 무슨 콘텐츠를 찾더라도 다 남들이 이미 했어요. 아무도 안 한 것은 못 찾아요. 이미 유튜브는 콘텐츠가 많이 올라와 있기 때문에 남들과 다른 걸 하려고 계속 찾기만 하다보면 시작조차 못하게 됩니다.

주저하지 말고 따라 하라는 말을 왜 하느냐면, 실제로 이 방법이 채널 성장에 큰 역할을 하기 때문이에요. 제 채널에 보면 '정샘물 원장님 꿀팁 공유 & 화장품 솔직 리뷰'라는 동영상이 있는데요. 이 콘텐츠가 조회수 30만 회에, '좋아요' 4,000개, 댓글 900개가 달려 엄청 잘됐어요. 그런데 옆에 추천 동영상 목록 맨 위를 보면 제목이 '정샘물 원장님이 알려주는 피부 표현 편'이라는 콘텐츠가 있어요. 유튜브는 알고리즘으로 비슷한 콘텐츠를 추천해주거든요. 이 영상을 올린 친구는 구독자가 저의 5분의 1 정도 되는 친구였는데, 추천 목록에 떠서 제 영상 다음에 재생이 돼요.

이런 경우가 많기 때문에 누가 했던 것이니까 안 해야겠다고 생각하지 말고, 우선 내가 하고 싶은 것이라면 주저하지 말고 뻔뻔하게 따라 하세요. 다양한 크리에이터들의 추천 영상에 내 영상이 따라 올라갈 수 있으니까요. 전혀 색다른 것을 찾기보다는 잘된 콘텐츠를 어떻게 내 것으로 소화할 수 있을까를 고민하는 게 구독자를 빠르게 늘리고 조회수를 많이 올릴 수 있는 방법이에요. 그렇게 하다 보면 자신만의 콘텐츠를 만드는 법, 스토리텔링 하는 법도 터득하게 될 거예요.

▶ **성공하는 콘텐츠 만들기 3: 구독자와 소통하기**

마지막 방법은 소통이에요. 저는 소통하기 위해 시청자에게 질문을 던지고 또 제 스스로 대답하고, 저의 스토리를 대담하게 공개해요. 쉽게 말하자면 콘텐츠 안에서 시청자와 대화하듯이 하는 겁니다. 예를 들어볼게요. 립스틱 리뷰 5개를 한다고 했을 때, 첫 번째는 "여러분 안녕하세요. 밤비걸입니다. 오늘 제가 립스틱 5개를 리뷰해보도록 하겠습니다. 1번부터 한번 발라볼게요. 1번은 촉감이 어떻고 색깔이 어땠고요. 2번으로 넘어갈게요." 이렇게 할 수 있을 거고요. 또 다르게는 "여러분, 저 립스틱 사러 영등포 갔어요. 그런데 매장

> *"내가 하고 싶은 것이라면*
> *주저하지 말고 뻔뻔하게 따라 하세요.*
> *크리에이터들의 추천 영상에*
> *내 영상이 따라 올라갈 수 있으니까요."*

직원이 저를 알아보는 거예요. 대박! 직원이랑 수다를 엄청 떨었죠. 그러고 보니 그 직원이 바른 립스틱 색깔이 너무 예쁜 거예요. 지어낸 게 아니고 실제 상황이에요. 그거 몇 호예요? 물어서 이렇게 사 왔답니다. 그거 말고 다른 것들도 추천받아서 5개나 사왔어요."라고 스토리를 섞어 말할 수도 있을 거예요.

첫 번째 방법은 저 말고 누가 해도 똑같이 할 수 있는 스타일이죠. 그게 립스틱이 아니라 전자기기, 스마트폰, 장난감이어도 똑같아요. 그에 반해 두 번째 방법은 저의 스토리를 섞어서 친근하게 다가가며 제 매력을 발산할 수 있어요. 저는 콘텐츠를 만들며 계속 질문해요. "이거 예쁘지 않아요? 뭐부터 발라볼까요?" 대답도 계속하죠. "3번부터 발라볼게요. 맞아요, 저도 그렇게 생각해요." 이런 과정 속에서 구독자들은 실제로 저와 커뮤니케이션을 하고 있다고 느끼거든요. 이런 것들이 다 댓글로 돌아와요. 댓글이 많이 달리면 추천 콘텐츠로 올라갈 확률이 높아지고, 그러면 조회수가 높아질 가능성이 크죠.

여기까지 수많은 유튜브 채널들 속에서 살아남는 법, 나아가 성공하는 법에 대해 저 나름대로 말씀을 드렸습니다. 자신이 하고자 하는 것이 무엇인지 곰곰이 생각해보셔서, 자신이 만들 콘텐츠들의 브랜드 메시지를 잘 찾아보시기 바랍니다. 어떤 채널을 만들든 오늘 나눈 채널 브랜딩 방법들에 대해서 많이 고민해보신다면 더 빨리 성장하고 더 인지도가 있는 채널이 될 거라고 확신합니다. ⓜ

대중의 페르소나,
디지털 콘텐츠를 만나다

김범휴, 샌드박스 CBO

밀레니얼 세대의 특징 가운데 하나가 '1인 미디어에 대한 열광'이 아닐까 합니다. 이러한 현상에 대한 분석과 1인 미디어를 만드는 인플루언서를 활용한 마케팅 전략에 관해 샌드박스의 김범휴 CBO님과 이야기를 나눠보고자 합니다.

(이하 Q는 진행자, A는 김범휴).

Q 먼저 샌드박스는 1인 미디어 기획사인데요. 설립 목적이 궁금합니다.

A 샌드박스는 창업자 스스로가 크리에이터였기에, 자신과 같은 처지의 크리에이터들이 신뢰하고 존경하는 소속사를 만들어 보겠다는 생각으로 시작되었습니다. 온라인 비디오를 중심으로 미디어의 변화는 빠르게 이뤄지고 있는데 반해, 사회적으로 크리에이터에 대한 이해가 매우 낮다 보니 크리에이터의 권익보호, 사업 및 콘텐츠 개발 등의 영역에서 매니지먼트 서비스가 필요했던 시기였어요.

한마디로 샌드박스는 열정적이고 창의적인 사람들이 모여 좋은 결과물을 내는 MCN 업계의 매니지먼트회사에요.

▶ **밀레니얼, 1인 미디어에 열광하다**

Q 밀레니얼들이 열광하는 1인 미디어들은 누구이며, 이유는 무엇이라고 생각하나요?

A 기성 미디어에서 느끼기 어려운 감성이 있기에 유튜브를 중심으로 한 새로운 미디어가 각광을 받는다고 생각합니다. 크리에이터 집단은 초기에는 끼가 많고 자기 표현력이 강한 20대 얼리 어답터 중심이었다면, 이제는 크게 확산되어 자신의 매력이나 지식 등을 표현하고자 하는 모든 사람들이 1인 미디어의 주인공이 되고 있습니다.

그리고 사람들은 유튜브를 통해 다른 사람들의 삶과 경험에서 대리만족과 공감과 지식을 얻게 되었습니다. 말하자면, 자신을 대신해 신념과 가치, 욕구를 대변해줄 수 있는 외부의 존재를 1인 미디어에서 찾고 있다고 생각해요. 그러니까 '1인 미디어는 대중의 페르소나'가 되는 셈이지요.

Q 말씀하신 대로 1인 미디어는 어느새 우리의 일상 깊숙이 함께 자리하고 있습니다. 그 영향력과 파급력의 수준을 어느 정도라고 생각하시나요?

▲ 샌드박스를 이끌고 있는 크리에이터들(출처: 샌드박스 제공)

Ⓐ 사람마다 차이가 있겠지만 누군가에게 크리에이터는 삶 자체가 동경의 대상인 '아이돌'이기도 하고, 목소리를 들으면 마음이 편해지는 친구이기도 하고, 모르는 것을 물어볼 수 있는 선배이자 선생님이기도 하고, 잠이 오지 않을 때는 자장가를 불러주는 역할을 하기도 하고, 운동을 함께 하는 트레이너 역할을 하기도 합니다. 어느덧 1인 미디어는 일상생활 곳곳에서 필요한 순간에 삶을 풍요롭게 채워주는 것이 된 듯해요.

▶ **인플루언서 마케팅: 메시지와 맥락의 결합**

Ⓠ 기업들도 대중의 마음을 끌기 위해 페르소나를 가진 인플루언서를 마케팅에 적극 활용하고 있는 추세인데요. 인플루언서 마케팅을 하는 가장 큰 이유는 무엇일까요?

Ⓐ 인플루언서 마케팅이란 '메시지'와 '맥락context'의 결합이라고 할 수 있어요. 기업은 마케팅을 할 때 브랜드의 메시지를 소비자들이 호의적으로 수용할 수 있도록 만드는 맥락이 필요해요. 물론 그 맥락을 스스로 만들 수도 있지만 이미 다양한 맥락의 호감을 갖고 있는 인플루언서를 활용하는 편이 훨씬 빠르

고 효과적이죠.

예를 들어볼게요. 2019년 4월에 나온 '구글플레이 포인트' 광고는 2분 5초 길이였는데, 사람들이 중간에 끊지 않고 끝까지 보는 광고로 유명했습니다. 광고 페이지의 조회수만도 995만 회였어요. 댓글을 보면 '처음 듣는 목소리인데 그 어느 성우보다 진실성과 전달력이 느껴지네요.', '풍형 때문에 처음으로 광고 다 봤어' 등 내레이션에 대한 평이 많아요. 이 광고의 내레이터는 게임 스트리머 '풍월량'이었는데, 풍월량이 브랜드의 메시지를 감싸주는 맥락의 역할을 한 거예요.

Ⓠ 그렇다면 인플루언서 마케팅에서 가장 중요한 건 역시 인플루언서인가요?

Ⓐ 그렇지 않아요. 대부분은 유튜브 인플루언서 마케팅을 기획할 때 마케팅 포인트를 잡은 뒤 인플루언서부터 섭외합니다. 그런 뒤에 포맷을 생각하죠. 하지만 광고 메시지가 잘 전달되는 맥락을 만들기 위해서는 그 맥락에 적합한 포맷을 먼저 정하고 그에 맞는 모델을 찾는 것이 이상적이라고 생각해요.

Ⓠ 맥락과 포맷에 대해 조금 더 설명을 부탁드립니다.

Ⓐ 크리에이터와 함께 만들 수 있는 맥락은 5가지 정도로 정리해볼 수 있어요. '존재 자체에 기반한 호감', '연기력에 기반한 몰입', '연관성에 기반한 관심', '스토리에 기반한 재미', '전문성에 기반한 신뢰'입니다.

크리에이터와 함께 만들 수 있는 포맷 역시 '라이브나 브이로그vlog', '체험과 상황극', '리뷰와 하울', '애니메이션', '광고 소재' 등 크게 5가지로 나눠볼 수 있는데요. 만약 우리 브랜드에 마케팅 포인트가 많아서 다 보여주고 싶다면 리뷰 포맷을 택하는 게 좋을 거예요. 그게 아니라 딱 집어서 전달하고 싶은 스토리가 있다면 상황극을 하는 게 좋겠죠. 포맷이 정해졌다면 섭외의 기준이 좀 더 명확해져 있을 거예요. 커뮤니케이션 목적을 가지고 모델을 섭외하는 거죠.

그렇게 만들어진 결과는 가장 기본적으로는 크리에이터의 영상이나 이미지에 노출되는 브랜디드 콘텐츠부터, 크리에이터를 브랜드 모델로 삼아 팬들의 호감을 얻는 콘텐츠, 온라인 및 오프라인 이벤트를 통해 팬들의 즉각적인 참여를 이끌어내는 캠페인 등이 있을 거고요. 또 하나의 바이럴 비디오를 잘 만들어 화제를 일으키거나 여러 마이크로 크리에이터를 통해 맞춤형 노출을 만들거나 크리에이터의 영상 클립을 광고로 돌리는 등 운용 방식에 있어서도 다양한 활용이 가능할 거예요.

▶ '어떻게 해야 잘할 수 있는가'보다 '왜 해야 하는가'부터

Ⓠ 말씀을 듣고 보니 구독자가 많은 크리에이터가 꼭 제1의 선택지가 되지 않을 수도 있겠다는 생각이 듭니다.

Ⓐ 네. 포맷과 타깃층, 캐릭터 등에 대한 이해 없이 톱 크리에이터라고 무작정 선택하면 가성비가 좋지 않을 가능성이 높아요. 구독자 수는 생각보다 마케팅 관점에서는 별로 중요하지 않습니다. 오히려 구독자 수가 잘못된 판단을 하게 하는 주요한 요인 가운데 하나가 될 수 있어요. 구독자들도 다 같은 구독자 아니거든요. 영상을 다 챙겨보는 사람부터 구독만 해놓고 안 보는 사람까지 다양해요. 그래서 구독자가 비슷한 채널이라도 콘텐츠당 조

회수 차이가 엄청나게 나는 데들도 많아요.

조회수도 마찬가지예요. 구독자가 똑같이 100만 명이라도 1주일에 영상을 하나 올리는 곳이 있고 20개 올리는 곳이 있으면, 하나 올리는 곳의 조회수가 더 높을 거예요. 조회수의 단순 비교는 의미가 없다는 말이죠. 예를 들어 캠핑 채널에서 조회수가 5만이 나왔다고 쳐봐요. 이건 정말 캠핑에 관심 있는 사람들이 집중해서 보는 채널이니까 100만 회보다 적다고 생각할 필요가 없는 거죠. 구독자와 조회수가 다가 아니라는 말씀을 드렸는데요. 유튜브에서 영향력이 큰 사람을 섭외해야지만 영향력 큰 광고가 나오는 게 아니라, 콘셉트만 재미있으면 바이럴로 얼마든지 퍼질 수 있는 것이거든요.

Ⓠ 성공한 인플루언서 마케팅이란 어떤 것이며, 샌드박스의 성공 사례가 있다면 알려주세요.

Ⓐ 마케팅 포인트에 맞는 시청자의 행동을 유도하고 인플루언서의 성과까지 측정할 수 있으면 금상첨화겠죠. 시청자들이 즉각적인 행동을 하도록 유도하는 장치와 크리에이터

의 기여도를 측정할 수 있는 장치를 넣어서 인플루언서 마케팅의 효과를 측정할 수도 있어요. '요기요'와 함께한 마케팅에서 '선바'가 맥도날드 영상을 찍은 후, 요기요를 통한 맥도날드 주문량이 평소보다 5배 이상 상승했고요. '하얀트리'가 네네치킨을 찍었을 때는 영상 조회 후 주문까지 이어진 전환율이 4%로 일반 평균 0.5% 대비 8배나 많았습니다.

직접적인 측정이 어려운 경우에도 다양한 지표들로 성공을 알 수 있는 경우도 있었어요. '김성회'의 헌터스아레나 영상은 업로드 후 2시간 만에 홈페이지 서버가 다운됐고, '장쁴쭈'의 다나와 영상은 업로드 2시간 만에 10~20대 실시간 검색어 1위에 올랐습니다.

스트리트 캐주얼 브랜드 밀레 클래식이 선보인 '밀레 클래식X게임 크리에이터 김블루' 컬렉션이 하루 만에 완판이 되고, 'GS25'와 '총몇명'이 컬래버 한 사탕세트 역시 많은 인기가 있었습니다.

또한, 홈쇼핑 채널도 인플루언서들과 협업하는 사례가 많아지고 있습니다. CJ몰 모바일 생방송 '쇼크라이브'에서 중소벤처기업부와

▲ '요기요×선바, 하얀트리×네네치킨'이 각각 컬래버 한 광고 영상(출처: 샌드박스 제공)

중소기업유통센터 지원으로 실시한 '인싸쇼핑×소상공인' 특집전은 인플루언서 안재억과 하효정이 출연해 생방송으로 온수매트, 가습기, 공기청정기, 종아리 마사지기 4개 업체 소형가전을 판매했고, GS샵은 2020년 상반기에 인스타그램에서 팔로워 수십만명을 확보한 김사과, 쥬쥬봉, 융시크, 김자매, 블랑이브 등이 직접 기획하고 추천한 40여개 상품을 한 데 모아 판매하는 'SNS마켓'을 열었습니다.

Q 마지막으로 마케터들에게 당부하는 한 말씀 부탁드립니다.

A 브랜드는 메시지를 전하고자 하지만 소비자들은 사실 '안물안궁'이거든요. 브랜드의 일방적인 짝사랑인 셈이죠. 그래서 소비자의 공감을 얻기 위해서 안간힘을 쓰는 것이고요. 또 '대중의 페르소나'도 데려와야 하는 것이죠. 하지만 잘되는 마케팅을 하기 위해서는 '어떻게 해야 잘할 수 있는가'를 고민하기 전에 '왜 해야 하는가'를 항상 먼저 생각하세요. 맥락과 포맷이 먼저라는 것 잊지 마시길 바랍니다. Ⓜ

PART 3

한눈에 이해하

ㅏ다!

유튜브 채널 '자이언트 펭TV' 성장 추이

구독자 수 추이(단위: 명, 2019년)

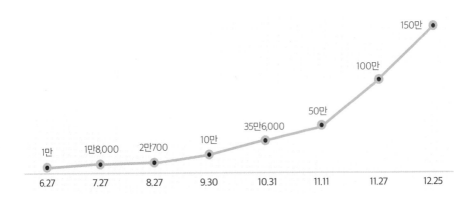

1만 — 6.27
1만8,000 — 7.27
2만700 — 8.27
10만 — 9.30
35만6,000 — 10.31
50만 — 11.11
100만 — 11.27
150만 — 12.25

이용 시간 남녀 비율

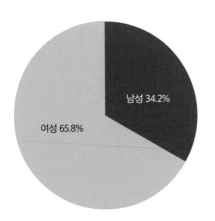

남성 34.2%
여성 65.8%

평균 시청 지속 시간

여성 4분 6초

남성 3분 38초

최신 30개 동영상 조회수 그래프 분석

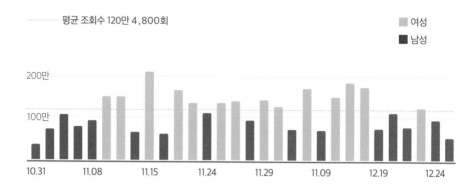

··········· 평균 조회수 120만 4,800회

■ 여성
■ 남성

시청자 나이 분포

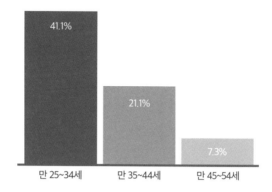

| 41.1% | 21.1% | 7.3% |
| 만 25~34세 | 만 35~44세 | 만 45~54세 |

출처: noxinfluencer 자이언트펭TV 유튜브 통계&분석대시보드

유튜브 채널 '워크맨' 성장 추이

구독자 수 추이(단위: 명, 2019년)

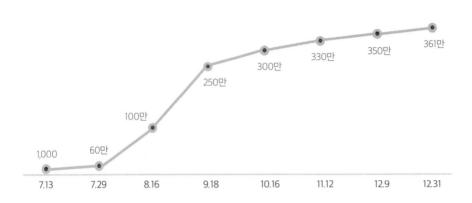

이용 시간 남녀 비율

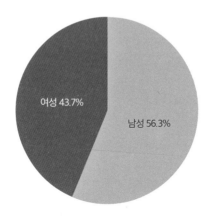

최신 30개 동영상 조회수 분석

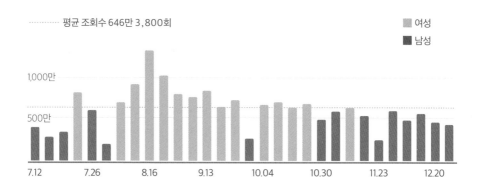

.... 평균 조회수 646만 3,800회

■ 여성
■ 남성

1,000만

500만

7.12　　7.26　　8.16　　9.13　　10.04　　10.30　　11.23　　12.20

구독자 나이분포

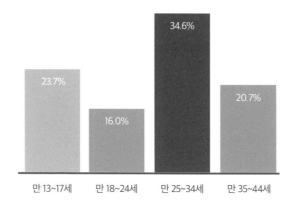

23.7%

16.0%

34.6%

20.7%

만 13~17세　　만 18~24세　　만 25~34세　　만 35~44세

출처: noxinfluencer 워크맨 유튜브 통계&분석대시보드

HOT B급 광고

[동원 F&B] 동원참치

이 집 참치맛집이네~ 오조오억개 참치 레시피,
이건 맛의 대참치!

2019.07.21

조회수 1,454만

[정관장] 정관장

문희는 정관장이 좋은뎅~

(feat. 나문희 X 김동현의 환장 콜라보!)

2019.08.22

조회수 579만

[LG전자] 360° 퓨리케어 펫

먼지 뿜뿜 개털 지옥 우리 집은 아돈 케어,
퓨리 케어 펫 모드 삼백 육십 클린 모드

2019.09.11

조회수 262만

[Halls Korea] 호올스(Halls)

답답한 순간 시원하게! 호올스

2019.11.14

조회수 1004만

[KCC] KCC 기업광고

형이 왜 거기서 나와?

2019.06.13

조회수 429만

[동서식품] 핫초코 미떼

찬바람 불 때 핫초코 미떼

2019.10.31

조회수 168만

올드크러시 연관 해시태그 랭킹

레트로/뉴트로 인스타그램 해시태그 랭킹(2020.02.01 기준)

태그	누적게시물 수	인기글 평균 좋아요 수	인기글 평균 유지시간(h)
# 레트로	345,997	638	65.1
# 레트로감성	43,263	721	389.55
# 레트로패션	26,043	347	50.67
# 레트로컵	20,756	1,385	3,411.12
# 레트로파티	18,378	7,018	5,031.36
# 레트로룩	18,135	5,669	5,447.42
# 레트로카페	15,865	493	1,905.67

태그	누적게시물 수	인기글 평균 좋아요 수	인기글 평균 유지시간(h)
# 뉴트로	85,439	2,001	105.53
# 뉴트로감성	6,263	235	3,282.17
# 뉴트로패션	3,652	1,468	1,960.43
# 뉴트로컵	3,056	2,409	4,604.06
# 뉴트로파티	1,383	545	3,668.38
# 뉴트로룩	1,223	268	3,513.83
# 뉴트로카페	498	106	4,541.64

출처: 스타태그

올드크러시 연관 해시태그 랭킹

레트로/뉴트로 구글 검색량

수치는 특정 지역 및 기간을 기준으로 차트에서 가장 높은 지점 대비 검색 관심도를 나타냅니다. 값은 검색 빈도가 가장 높은 검색어의 경우 100, 검색 빈도가 그 절반 정도인 검색어의 경우 50, 해당 검색어에 대한 데이터가 충분하지 않은 경우 0으로 나타납니다.

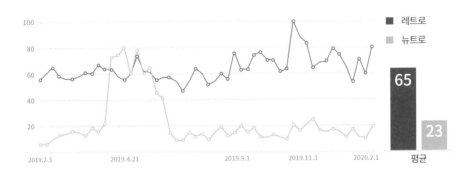

레트로/뉴트로 언급 소셜 미디어 게시글 수

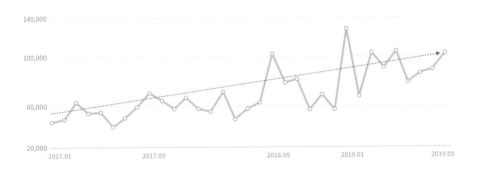

152

레트로/뉴트로 음악 동시언급 소셜 미디어 게시글 수

2019.08 영화 '유열의 음악앨범', 예능 프로그램 '동네앨범' 등 레트로 음악 주제의 콘텐츠 화제
2019.09 엑소 '첸' 레트로풍 신곡 발표소식 RT
2019.09 온라인 탑골공원 열풍

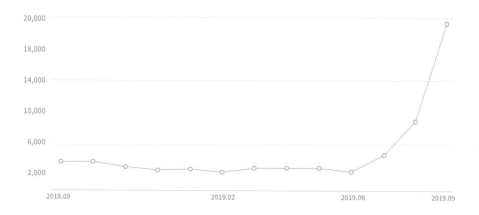

레트로/뉴트로 관련 주요 화제 소셜미디어 게시글 수 비중

| 34.4% | 33.9% | 22.2% | 9.5% |
| 음악 | 공간 | 패션 | 유통 |

출처: Google Trends, Nielsen Buzzword

포럼M

포럼M은 세상을 변화시키는 밀레니얼 세대를 위한 비즈니스 포럼입니다. 밀레니얼 세대가 핵심 리더로 성장할 수 있도록 최신 트렌드와 마케팅 이슈에 대한 인사이트를 제공한다. (http://www.forum-m.com)

이지향

포럼M 콘텐츠 매니저. 다양한 마이크로트렌드를 분석하여 그 속에 숨겨진 가치를 찾아내는 일에 희열을 느낀다. 트렌드를 뛰어넘는 메타트렌드를 제시하는 트렌드세터를 꿈꾼다.

박아름

포럼M 마케팅 매니저. 평소 사람들과의 커뮤니케이션을 통해 인사이트를 얻는 편이다. 잡학지식을 좋아하며, 공상에도 능하다. 트렌드 분석회의에서 치열함을 담당하고 있다

엄재용

　포럼M 운영 매니저. 트렌드를 좇기보다는 일상생활에서 자연스레 파악하는 편이다. 거리의 조형물이나 사람의 행동을 관찰하고 의미를 찾는 것을 좋아한다.

박경만

　포럼M 디렉터. 변화의 흐름을 미리 파악하고 새로운 무언가를 기획하는 것을 좋아한다. 깊게 몰입해서 생각할 때 행복을 느끼고 미술과 영화에 대한 대화를 즐긴다.

Thanks to 지식 나눔 인플루언서(가나다 순)

　김범휴 샌드박스 CBO, 김선태 충주시 주무관, 김익규 대한제분 팀장, 밤비걸(심정현) 유튜브 크리에이터, 안성호 디지털 마케터, 윤현준 JTBC CP께 감사드립니다. 기부해주신 지식 컨텐츠로 인한 수익은 전액 사회공헌 활동에 활용될 예정입니다.

참고 문헌

- 김백상, "언택트(un+contact) 라이프, 집콕족의 색다른 취미 4가지 인기", 스포츠 한국, 2020년 4월 2일
- Gil Park, "[IT 트렌드 바로읽기] 유통가의 새 바람! 언택트(untact)", 모바인사이드, 2019년 7월 23일
- 안선혜, "신종 코로나가 가져온 소비변화", thePR, 2020년 2월 4일
- 김승일, "아무노래 말고 아무놀이, 인테리어·중계는 언택트", 독서신문, 2020년 3월 17일
- 김유영, "코로나 시대 뉴노멀, 멀리서 함께하기", 동아일보, 2020년 4월 3일
- 이호진, "유용한 재택근무·원격강의 솔루션 뭐가 있나", AI타임스, 2020년 4월 2일
- 정미하, "할 말 하는 펭수가 '나를 대변'… B급 감성 저격", 이코노미 조선, 322호
- 김송이, "'웃겨야 팔린다' 트렌드 바뀐 광고 B급이 대세", CBS노컷뉴스, 2019년 9월 23일
- 박소정, "사딸라·나문희…'밈'이 바꾼 광고 트렌드…", 뉴데일리 경제, 2019년 10월 23일

- BBC, "악플: 다음, 연예 기사 댓글 오늘부로 없앤다…", BBC 뉴스 코리아, 2019년 11월 1일
- 권재현, "시대정신이 된 '안티꼰대'", 주간동아, 1215호
- 박영규, "BTS의 극기 노하우 '도망치지 말라'", 동아일보, 2020년 2월 24일
- 모성훈, "극한컨셉: 이것은 컨셉인가, 현실인가" 트렌드인사이트
- 권상희, "펭수, 유산슬, 카피추…'멀티 페르소나' 전성시대", 오피니언뉴스, 2020년 1월 24일
- 민경원, "알고도(?) 속아주는 캐릭터 놀이… 누구냐 너는", 중앙일보, 2020년 1월 16일
- 환윤태, 조효석, "'멀티 페르소나', 낮엔 회사원 저녁엔 요가강사", 국민일보, 2020년 1월 15일
- 하재근, "강다니엘 유사연애 붕괴와 채권자 팬덤", 데일리안, 2019년 8월 8일
- 김현주, "민트초코 호불호 논쟁… 온라인 놀이 문화 중심으로 부상", 세계일보, 2020년 2월 21일
- 조유빈, "'문화 권력' 인플루언서, 산업 지형도 새로 그린다.", 시사저널, 1587호
- 안해준, "'커뮤니티 미디어' 된 인플루언서에 필요한 사회적 책임", 더피알, 2019년 6월 10일
- 전혼잎, "독립운동 못했어도 이 영화는, 영화 '김복동' 영혼 보내기 운동", 한국일보, 2019년 8월 11일
- 김화영, "다들 '린스타', '핀스타' 계정 있으세요?", 캠퍼스 잡앤조이, 2020년 2월 7일

이미지 출처

musinsa.com | social.lge.co.kr | hitejinro.com | sulbing.com | kotra. or.kr | gompyo.net | jtbc.joins.com | blog.naver.com/lakai_korea | facebook.com/burgerkingkorea | facebook.com/Subwaykr | 유튜브 붓싼 뉴스 | 유튜브 모두의 마블 TV | 인스타그램 #Whomadeclothes | 인스타그램 @nintendo | 인스타그램 @kyungsungclothes | 인스타그 램 @boan1942 | 인스타그램 @theclub_homeplus

MiCRO
TREND

3개월마다 만나는 마이크로 트렌드
vol. 1 우리 집에 왜 왔니

2020년 4월 16일 초판 1쇄 발행

지은이 · 포럼M
펴낸이 · 김상현, 최세현 | 경영고문 · 박시형

책임편집 · 김명래 | 디자인 · 정아연
마케팅 · 양근모, 권금숙, 양봉호, 임지윤, 유미정
경영지원 · 김현우, 문경국 | 해외기획 · 우정민, 배혜림 | 디지털콘텐츠 · 김명래

펴낸곳 · ㈜쌤앤파커스 | 출판신고 · 2006년 9월 25일 제406-2006-000210호
주소 · 서울시 마포구 월드컵북로 396 누리꿈스퀘어 비즈니스타워 18층
전화 · 02-6712-9800 | 팩스 · 02-6712-9810 | 이메일 · info@smpk.kr

ⓒ 한국능률협회 (저작권자와 맺은 특약에 따라 검인을 생략합니다)
ISBN 979-11-6534-098-8 (03320)

쌤앤파커스(Sam&Parkers)는 독자 여러분의 책에 관한 아이디어와 원고 투고를 설레는 마음으로 기다리고 있습니다. 책으로 엮기를 원하는 아이디어가 있으신 분은 이메일 book@smpk.kr로 간단한 개요와 취지, 연락처 등을 보내주세요. 머뭇거리지 말고 문을 두드리세요. 길이 열립니다.